O CURSO DO DESPERTAR

Joe Vitale

O CURSO DO DESPERTAR

O segredo para resolver todos os problemas

Tradução
Maria Clara De Biase

Rocco

Título original
THE AWAKENING COURSE
The Secret to Solving all Problems

EDITORA ROCCO LTDA.
Rua Evaristo da Veiga, 65 – 11º andar
Passeio Corporate – Torre 1
20031-040 – Rio de Janeiro – RJ
Tel.: (21) 3525-2000 – Fax:(21) 3525-2001
rocco@rocco.com.br
www.rocco.com.br

Printed in Brazil/Impresso no Brasil

preparação de originais
VILMA HOMERO

CIP-Brasil. Catalogação na fonte.
Sindicato Nacional dos Editores de Livros, RJ.

V821c Vitale, Joe, 1953-
O curso do despertar: o segredo para resolver todos os problemas / Joe Vitale; tradução de Maria Clara De Biase. – Rio de Janeiro: Rocco, 2012.

Tradução de: The awakening course
Inclui bibliografia
ISBN 978-85-325-2768-4

1. Sucesso. 2. Transcendência (Filosofia). 3. Habilidades de vida. I. Título.

12-1986 CDD - 158
CDU - 159.947

A minha mãe e meu pai
Agradeço a dádiva da vida.

Nenhum problema pode ser resolvido
no mesmo nível de consciência que o criou.

– Albert Einstein

Sumário

Agradecimentos

Suzanne Burns, minha agente de publicidade e administradora executiva, editou este livro, desde as transcrições até meu programa de áudio de mesmo nome. Muitas outras pessoas ajudaram no processo, e uma das mais importantes foi Nerissa, minha parceira na vida, que cuidou dos animais para eu poder me concentrar em criar este livro. Tenho um círculo interno de muita gente que me apoia na vida, algumas das quais incluem Pat O' Bryan, Craig Perrine, Bill Hibbler, Rick e Mary Barrett, Brad Marcus e Victoria Belue Schaefer. Também quero agradecer a Peter Wink e Theresa Pushkar por terem me ajudado a criar o curso. Há uma longa lista de mestres da prosperidade que me influenciaram, inclusive o reverendo Ike, Catherine Ponder, Joseph Murphy, Edwene Gaines, Eric Butterworth, Charles Fillmore, Elizabeth Towne, William Walker Atkinson, Robert Collier, Neville Goddard, Vernon Howard, Stuart Wilde, Terri Cole Whittaker e Bob Proctor. Muitos mestres espirituais também ajudaram, inclusive Rajneesh, Bryon Katie, David Hawkins e o dr. Hew Len. Também quero agradecer às ótimas pessoas na John Wiley & Sons Inc., particularmente a Matt Holt, por acreditar em mim e publicar meus livros recentes. Se esqueci de alguém que colaborou para a criação deste livro, por favor, me perdoe. Sou grato a todos, inclusive a você, leitor. Sem você, este livro não seria necessário. Por favor, aproveite-o e tenha uma vida longa e próspera. Vamos ao nosso despertar!

Introdução

Em meu livro *Limite zero*, eu disse que há três estágios do despertar. Na época, não sabia que havia um quarto. Agora o experimentei. É o nível de transcendência de que Einstein e muitos mestres espirituais falaram e no qual frequentemente viveram. É tão real quanto sua experiência da realidade atual, mas vai além de tudo que você já experimentou antes.

Este livro vai além de todo o meu trabalho anterior. Vai além do filme de sucesso *O segredo*, de *Criando riqueza e prosperidade – O fator de atração* e até mesmo de *Limite zero*. Baseia-se neles, é claro, porque os trabalhos anteriores falavam dos primeiros estágios do despertar. Mas como eu ainda tinha que experimentar o quarto estágio, não pude escrever sobre ele. Até agora.

Em 2009, gravei um programa de áudio chamado *O curso do despertar*. Não tinha a menor ideia se alguém o desejaria, muito menos se o compreenderia. Para minha surpresa e prazer, tornou-se um best-seller. Tive que regravá-lo várias vezes. Pessoas de todo o mundo o estavam ouvindo e "despertando" para novos níveis. Pessoas que tinham problemas descobriram o segredo para resolver todos eles.

Devido à popularidade do curso, decidi transformá-lo em um livro. O resultado é o que você tem agora em mãos. Que ele possa livrá-lo de todos os problemas e levá-lo para a felicidade que busca – a mesma felicidade que está no coração de seu próprio despertar.

1

O que esperar

Aude aliquid dignum. (Ouse algo que valha a pena.)

– Provérbio latino do século XVI.

O que você ousaria fazer se não pudesse perder? O que ousaria fazer se tivesse a garantia de sucesso incondicional? O que ousaria ter se não houvesse absolutamente nenhum limite? O que ousaria?

É hora de ousar algo que valha a pena. Bem-vindo a *O curso do despertar*. Seja você um ávido seguidor de minha mensagem ou estreante em meu regime de desenvolvimento pessoal, parabéns. Dando esse primeiro passo abriu sua vida a oportunidades ilimitadas.

Talvez você esteja agora em um lugar doloroso. Eu estive. Tenho parentes que ainda estão. Estou fazendo o possível para ajudá-los ensinando-lhes o que aprendi nos últimos vinte a trinta anos. Aprendi da maneira mais difícil. Quando era sem-teto, ia para a biblioteca e lia livros. *The Magic of Believing*, de Claude Bristol, influenciou muito minha vida, e li outros livros como *Quem pensa enriquece*. Agradeço a Deus pela biblioteca. A abundância e sabedoria estão bem ali. Eu ouvia programas de áudio, como os que peguei emprestados na biblioteca, enquanto dirigia por Houston, onde estava vivendo, onde grande parte disso ocorreu e onde muitas de minhas primeiras transformações ocorreram. Eu os tornei minha "universidade sobre rodas"; ouvia, progredia e me fazia perguntas.

Isso também vai passar

O que quero que você perceba é que o lugar em que está agora é temporário. É só o que está acontecendo em sua realidade atual. O temporário mudará; sua realidade atual mudará. Quando você despertar, quando passar por esses vários estágios do despertar, deixará a dor para trás. A maior parte da dor e luta faz parte do primeiro estágio em que as pessoas resvalam. Todos nós passamos por isso. A maioria das pessoas fica nele para sempre. Até morrerem.

Há outro modo

Quase todas as pessoas precisam de algo como este programa para despertá-las e ensinar-lhes que há outro modo de viver. Sei que talvez você esteja pensando em pagar suas contas. Sei que talvez esteja pensando: "Como pagarei o aluguel no próximo mês?" Sei que talvez esteja pensando em sua saúde ou na de alguém próximo que está tendo problemas nessa área. Há outro modo de passar por tudo isso. Há outro modo de resolver esses problemas. A boa notícia é que o estou apresentando pessoalmente em *O curso do despertar*.

Bem, você pode estar curioso sobre como era minha vida nas ruas, e nunca realmente falei muito sobre isso. Na verdade, nunca me detive muito nisso, o que significa que sim, realmente aconteceu; sim, vivi nas ruas de Dallas, provavelmente em 1976, 1977 ou 1978. Durante muito tempo, tirei isso de minha mente. Durante muito tempo, isso não aconteceu em minha consciência. Mas quando a vida continuou e as pessoas me pediram para lhes contar minha história, comecei a falar e descobri que, embora fosse desconfortável para mim, as inspirava. Por essa razão, falarei por um momento sobre isso.

Eu havia economizado meu dinheiro e dado tudo a uma empresa que prometeu me conseguir emprego no exterior. Estávamos construindo oleodutos e gasodutos em outros países, no Alasca, em lugares assim, e eu dera meu dinheiro a uma empresa que faria currículos e os enviaria, uma empresa que prometeu me conseguir um emprego. Assim, eu estava em Dallas; e havia entregado praticamente tudo o que tinha, exceto alguns trocados que guardara para poder comer até conseguir o emprego, e aquela empresa saiu do negócio. Faliu. Quando fui procurar o dono, ele havia cometido suicídio. Fiquei sem nenhum recurso. Eu havia ido para Dallas sem nada. Entregara todo o meu dinheiro. Não tinha emprego. Não tinha carro. Não conhecia ninguém. Estava em um apartamento muito chinfrim em uma área perigosa, e acabei sem nada, dormindo nos degraus de uma agência de correios. Se você já viu o filme *À procura da felicidade*, com Will Smith, que descreve um homem muito bem-intencionado e trabalhador, mas que comete alguns erros e, muito rapidamente, se vê dormindo em uma igreja, usando um banheiro público e um terminal de ônibus, eu fiz tudo isso. Lembro-me de que dormi nos degraus de uma agência de correios porque tinha uma caixa postal e ficava esperando receber um cheque por algo que escrevera.

Não me lembro de tudo daquela época, porque foi muito sombria e psicologicamente traumática. De algum modo, consegui sair de Dallas e ir para Houston e, com toda a sinceridade, não me lembro bem de como fiz isso. Posso ter pegado carona ou ter conseguido, por algum meio, entrar em um ônibus. Realmente não me lembro, mas saí de Dallas e aquela marca de ser sem-teto me acompanhou por pelo menos uma década. Voltei à cidade algumas vezes por um ou por outro motivo, relutantemente, e sempre algo de ruim acontecia.

Lembro-me de que certa vez fui de carro até lá e, assim que atravessei os limites da cidade, um policial na rodovia me fez parar e me multou. Era quase como se minha mente tivesse ficado presa naquele tempo e lugar com uma carga negativa e eu tivesse que purificá-la e me tornar mais consciente. Quando fiz isso, parei de me preocupar. Posso voltar a Dallas sem nenhum problema. Posso falar sobre isso como estou falando com você agora.

Afinal de contas, isso é só uma história

Porém, de muitos modos, essa experiência me fortaleceu e me deu uma história que talvez tenha inspirado milhares de pessoas. Possivelmente está inspirando você agora. Eu não desejaria repeti-la, mas estou grato por ter passado por ela e sobrevivido. De muitas maneiras, foi um tempo terrível. Porém, é parte de quem eu sou, da minha história e do meu passado.

No filme *O segredo*, há uma cena em que se pergunta a todos os diferentes mestres como era a vida deles. Um fez parte de uma gangue de rua; eu digo que "fui sem-teto"; outro tinha uma história diferente de má sorte; e o próximo ainda outra história para contar. Então, cortam para Jack Canfield, uma das pessoas de quem mais gosto no mundo, que diz: "Isso é tudo? E daí? Todos nós temos algum tipo de história. Vocês têm uma história. Eu tenho uma história." Parte da minha era que em algum ponto realmente fui sem-teto, mas também transcendi a isso.

Hoje, estou em um lugar muito diferente. Quando olho para minha vida trinta anos atrás, sem ter onde morar e, hoje, tendo uma coleção de carros, uma casa de campo e uma vida de luxo, sendo astro de cinema e autor de best-sellers, parte de meu cérebro simplesmente endoida porque está tentando assimilar: "Como *aquela* pessoa se tornou *esta* pessoa?" Aquela pessoa, a sem-teto, se tornou esta, rica, devido a um despertar. É por isso que este material é tão importante e quero partilhá-lo com você. O que aprendi é prático, espiritual, inspirador e compensador financeira e romanticamente, e de todos os modos que você possa imaginar. A transformação foi profunda e permanente e, de fato, começou com um pequeno ponto de luz no radar, onde eu estava sem-teto.

Bem, não pense nem por um minuto que você tem que se tornar sem-teto para despertar. Pode começar no ponto em que estiver. Parte do que estou dizendo é que você tem sua própria história e cada um de nós tem uma experiência passada a partir da qual cresce e desperta. Você não tem que andar para trás; não tem que se tornar sem-teto; não tem que se endividar; não tem que se tornar pobre. Se já passou por isso, tudo é parte da sua experiência. Simplesmente ela. Você a transcenderá. Despertará dela. Mas de modo algum estou lhe pedindo para andar para trás. Estou lhe pedindo para seguir em frente, passando por esses estágios do despertar. É por eles que o estou levando com este material.

Não sei se você já leu meus livros anteriores, ouviu meus programas de áudio ou assistiu a meus DVDs ou filmes. Não tenho a menor ideia. Mas quero que saiba que apresentarei os princípios básicos e irei além. Se, por exemplo, você é fã do meu trabalho e ouviu *The Missing Secret*, leu *Criando riqueza e prosperidade – O fator de atração* e assistiu a *O segredo* (e assim por diante), isso não importa, porque o que direi em *O curso do despertar* é algo sobre o qual nunca falei. Mais uma vez, eu o levarei a partir do Ponto Zero. Eu o conduzirei pelos princípios básicos do despertar. Descreverei os quatro estágios do despertar, e o quarto estágio é algo de que nunca falei antes por um bom motivo – não sabia sobre ele.

Tenho partilhado minha jornada de vida com todos em meus livros, meus programas de áudio, meus cursos e minhas aparições em filmes; quero dizer, isso ainda está acontecendo. À medida que cresço, evoluo, desperto, torno-me mais consciente e transcendo os problemas em minha vida, saio e partilho isso com o mundo, e como um serviço para você. Se você já conhece meu trabalho, ótimo; se não conhece, tudo bem, porque apresentarei todos os princípios básicos contidos em meus materiais, mas irei além disso. Portanto, aperte o cinto de segurança – vamos nos divertir muito.

Tudo é bom quando você olha mais fundo

Por que estou fazendo isso? Por que aqui? Por que agora? Por que tudo isso está acontecendo neste momento?

Quando você olha para o mundo (especialmente se presta atenção à mídia, o que *não* recomendo), provavelmente pensa: "Ai meu Deus. Veja o que está acontecendo aqui. Há mudanças ocorrendo no planeta. Há previsões de calamidades." E talvez você olhe assustado para sua própria vida e se pergunte: "Como pagarei minhas contas? Como cuidarei da minha família? Meu emprego é estável? O que acontecerá depois? Ficaremos sem gasolina? Ficaremos sem petróleo? O clima ficará descontrolado? Quero dizer, exatamente o que está acontecendo aqui?"

Vou lhe dizer algo bem chocante: tudo isso está acontecendo para o maior bem de todos os interessados. Na verdade, essas mudanças estão nos fazendo olhar mais para dentro de nós mesmos a fim de encontrar soluções criativas, despertar da própria causa dos problemas, transcender a tudo e criar um mundo melhor, um lugar melhor, uma vida melhor.

À primeira vista, pode parecer que isso não está acontecendo e não parece possível, mas eis apenas um exemplo: Paul Zane Pilzer, que foi consultor econômico de vários presidentes, salientou que, na década de 1970, quando passávamos pela crise do petróleo e realmente parecia que ficaríamos sem ele, com longas filas nos postos de gasolina, a "crise" (e uso propositalmente as aspas), na verdade, foi um estímulo, porque os engenheiros inventaram novos modos de cavar mais fundo e encontrar mais petróleo para nos suprir por mais décadas. (Cresci durante esse período e me lembro de que só se podia comprar gasolina em certos dias, de acordo com o final da placa do carro, se era um número ímpar ou par. Foram tempos muito incomuns.) Portanto, o que parecia um problema insolúvel, na verdade, foi um desafio que exigiu uma solução criativa.

Bem, está acontecendo o mesmo em sua vida agora. É um estímulo positivo sentar-se e pensar: "Como pagarei minhas contas? Como cuidarei da saúde e da família? O que acontecerá com meu emprego?" Isso é bom. Faz você olhar para dentro de si mesmo e pensar mais criativamente. E o torna mais aberto. Talvez se você não estivesse sentindo o que sente agora nunca tivesse comprado *O curso do despertar* e sido trazido até aqui. Poderia ter prosseguido alegre e talvez cuidadosamente com seu estilo despreocupado, sem nunca ter tido a oportunidade de crescer e despertar. Por isso, vejo que o que está acontecendo de fato é bom.

Sim, pode ser desconfortável, mas desconfortável não significa ruim. Significa apenas que você está fazendo algo que nunca fez, como usar um novo par de sapatos. Muitas vezes você fica com bolhas nos pés, embora um novo par de sapatos seja algo bom para você. Contudo, sua pele se curará e, na verdade, se fortalecerá. Você crescerá com isso e andará por aí com novos sapatos e uma nova vida, sentindo-se muito mais otimista e rico, antegozando o futuro. Essa é a promessa do que parece ser um desafio.

Pare de lutar – há um caminho mais fácil

Bem, se você examinar sua vida provavelmente verá que anda trabalhando demais, e o motivo é que tem tornado sua vida um "esforço", o que significa que a tem tornado uma luta. Lembro-me de que, quando estava na escola secundária e na universidade, admirava muito os autores Jack London e Ernest Hemingway, porque representavam um homem contra o mundo. Eu os admirava porque era assim que me sentia. Era apenas Joe Vitale contra o planeta Terra, e é assim que muita gente leva sua vida. Adquirimos o hábito mental de acreditar que, para conseguirmos algo, precisamos trabalhar e lutar para isso, nos privar de certas coisas e realmente abrir caminho na vida à força. Bem, essa é uma crença que cria a própria realidade que a alimenta. Em outras palavras, se você *acredita* que tem que lutar para chegar a algum lugar, luta para chegar lá. Se você *acredita* que tem que sofrer para chegar a algum lugar, sofre para chegar lá.

Deixe-me lhe dar um exemplo bem claro. Já contei que fui sem-teto. O que me despertou sobre como criei isso em minha vida foi o insight de que tinha como modelo de vida autores autodestrutivos. Jack London supostamente cometeu suicídio. Ernest Hemingway o cometeu. Eu admirava esses autores a ponto de achar que precisava ter o mesmo tipo de vida que eles porque esse era o currículo. Com isso, seguia um caminho muito autodestrutivo. Brigava com a vida.

Fazia tudo para ser infeliz. Para lutar. Para ser miserável. Finalmente percebi que fazia isso devido à crença de que, para atingir meu objetivo de ser um autor bem-sucedido, tinha que sofrer como eles. Fui alcoólatra, suicida e melancólico. Segui o mesmo caminho que eles até o dia em que despertei para a ideia de que poderia seguir seus estilos literários sem precisar seguir seus estilos de vida. Quando percebi *isso*, comecei a descobrir autores que eram felizes, produtivos e prósperos. Ao descobrir *isso*, comecei a criar uma nova realidade para mim mesmo. Portanto, o que estou sugerindo – e, mais uma vez, talvez você ache difícil entender, ouvindo pela primeira vez – é a ideia de que você está lutando desnecessariamente. No passado, lutou. Isso lhe foi útil. Você aprendeu. Cresceu. Fortaleceu-se. Mas agora pode parar de lutar. Vou lhe mostrar um caminho mais fácil. Uma escada rolante. Vou lhe mostrar como despertar daquilo que criou a luta no passado para que você possa ter riqueza, sucesso, romance, abundância – tudo o que deseja, sem luta. Você não terá que tornar sua vida um "esforço". Poderá deixá-la fluir.

Talvez você esteja se perguntando onde estão essas crenças em seu interior. Tipicamente não estão em sua mente consciente, mas em sua mente inconsciente.

O segredo que faltava

Em um programa chamado *The Missing Secret*, disse que o segredo que faltava é a ideia de que você tem que eliminar as crenças dentro de sua própria mente antes de começar a ver resultados no mundo externo. O que me anima muito neste livro é que vou lhe mostrar como descobrir e mudar essas crenças limitadoras. Talvez você esteja pensando: "Ah, criei essa luta em minha vida, mas não sei por que, porque não sou escritor; não estava seguindo o modelo de Ernest Hemingway nem de Jack London, como você, mas você estava fazendo alguma coisa." Há uma crença ativa em sua mente que está criando sua realidade. Vou ajudá-lo a descobrir e purificar essa crença para que se livre dela, e o que é realmente estimulante nisso tudo é que, quando livrar-se dessa crença, você mudará todo o mundo – porque a crença não estava ativa apenas *dentro* de você, mas se estendia ao próprio universo, e o universo se rearranjava para torná-la realidade.

Novamente, talvez você ache tudo isso um pouco bizarro ao ouvi-lo pela primeira vez, mas continue comigo. Lendo e aplicando *O curso do despertar*, você passará a entender que está criando sua própria realidade e, na verdade, iremos além até mesmo desse fato na quarta etapa do despertar. Mas por enquanto não se preocupe com nada disso. Se você tem lutado, tudo bem, porque a boa notícia é que a luta terminou.

Você pode "confiar nisso"

Também fico feliz em lhe dizer que lhe darei muitas ferramentas práticas, exercícios e até mesmo algumas meditações. Tudo isso visa ajudá-lo a tornar sua vida mais fácil e a eliminar as crenças que talvez o estejam detendo. Ajudá-lo a despertar. Sou uma pessoa muito prática, criteriosa e com jogo de cintura – um empreendedor. Quero ver resultados – resultados em sua vida. Este não é um programa bobo e banal para você se sentir bem. É um programa em que pode confiar. Quero que experimente essas técnicas e meditações, e ouça o que tenho a dizer sobre crenças. Dê os quatro passos em *O curso do despertar* e depois veja onde está, porque onde você está agora não é onde estará no final do programa. Onde está agora é temporário. Para onde irá é eterno. Continue comigo.

O medo só o deterá se você o deixar

A primeira coisa a que você terá de ficar atento ao seguir este programa (e, na verdade, sua própria vida) é o fator do medo. O medo está em todos os lugares. Quando olho ao redor, parece que todo o planeta está de sobreaviso e todos temem tudo e todos. E, se você presta atenção à mídia (o que, novamente, *não* recomendo), ela sempre se concentra no medo e lhe dá motivos para senti-lo. Contudo, se você não lhe prestar atenção, não terá esses motivos, o que é muito interessante. O medo o deterá se você deixar.

Não estou lhe pedindo para prender a respiração e ficar na frente de um trem, ônibus ou carro, mas para dedicar um momento a ver se está com medo de uma simples mudança. Muita gente não quer mudar porque se sente confortável onde está. Olha ao redor e sua posição parece boa. É confortável. Não importa se não gosta de seu emprego, se está endividada, em relacionamentos que não a interessam ou com problemas nas costas – essas coisas são familiares. Bem, talvez seja hora de você ficar um pouco desconfortável e despertar de tudo isso para poder ter mais. Se continuar sentado aí, com medo, e dizendo "Quero ficar onde estou", ficará onde está. Porém, há uma diferença entre deixar sua zona de conforto e realmente entrar no modo do medo. O medo o detém. É o que impede a maioria das pessoas de agir. Descobri que, em minha carreira, há o medo do fracasso e o medo do sucesso, e algumas pessoas têm ambos.

Transcenda o medo

Estou falando sobre transcender o medo. Convidando-o a ousar algo que valha a pena em sua vida, concentrando-se no que quer. Ao se concentrar no que quer, talvez você tenha que fazer algumas coisas que nunca fez, mas isso não significa que deva temê-las. A sensação de desconforto que tem é só porque está fazendo algo novo. Não é um sinal para parar. Não é um sinal para ter medo. É um sinal de que você está fazendo algo novo e deve apenas ficar alerta enquanto segue em frente. É isso que estou lhe pedindo para fazer neste programa – como diz um livro famoso, estou lhe pedindo para "sentir o medo e seguir em frente". Sinta o desconforto e siga em frente. Continue comigo, porque prometo um despertar, e tudo isso começa aqui, agora, hoje.

Relacione seus medos

Faça uma lista de seus medos. Relacione todos. Há algo de terapêutico em anotá-los. Quando você os tira de seu sistema, de muitos modos eles se dissolvem, porque você olha para o papel e percebe: "Ah, afinal de contas, isso não é tão assustador." Relacionar os medos é um modo de limpar a casa. Então, esvazie sua mente de preocupações e faça uma lista de tudo o que teme. Você não tem que mostrá-la para mim nem para ninguém. É só para você ver, portanto, é um exercício seguro. Anote todos os seus medos, respirando profundamente. Deixe-os ir embora. Você pode até mesmo olhar para cada um deles e se perguntar: "Realmente tenho medo disso?" Independentemente de responder sim ou não, respire ao relacioná-los, porque pode descobrir que muitos se dissolvem ao serem anotados. Vá em frente; pare e faça isso agora.

Já mencionei o poder da mente inconsciente, por isso quando você começar a relacionar seus medos poderá não ter muitos. Mas como se concentrou neles e os evocou, começarão a borbulhar de seu inconsciente. Na verdade, isso é bom. Não tema. Apenas comece a anotar seus medos. Ao anotar um, outro poderá vir à tona. Ao anotá-lo, outro poderá surgir. Talvez haja medos tangenciais aos que relacionou.

Você pode até mesmo fazer uma pausa após anotar todos os medos de que se lembrar, sejam cinco ou cinquenta. Respire profundamente, espere e diga: "Tenho medo de mais alguma coisa?" Continue a anotar o que surgir. Mais uma vez, confie em si mesmo e em sua mente inconsciente. Ela borbulhará quando se sentir segura para fazer isso, portanto, apenas encontre um lugar agradável e seguro para relacionar seus medos, porque deixaremos todos irem embora.

Explore seu medo em busca do tesouro escondido

Criei o programa *Miracles Coaching* para ajudar as pessoas a despertarem, atingirem seus objetivos e superarem seus medos. Mas deixe-me lhe contar uma história real, de algo que me aconteceu. Muito tempo atrás, escrevi um livrinho chamado *Spiritual Marketing* que, de muitos modos, era perigoso. Perigoso porque eu representava muitas empresas conservadoras: a American Marketing Association havia publicado um dos meus livros; a American Management Association, outro; a Nightingale-Conant havia publicado um dos meus programas de áudio. Essas empresas eram muito conservadoras e eu me perguntava o que pensariam de mim se eu aparecesse com *Spiritual Marketing*, que era um tipo de abordagem de negócios metafísica e espiritual. Por isso, publiquei o livro apenas como um folheto, que distribuía aqui e ali, além de dá-lo a minha irmã, para quem o escrevi. Estava tentando ajudá-la a superar seus medos, a tornar-se mais consciente, despertar e realizar alguns de seus sonhos.

Dei um para Bob Proctor, em um de seus workshops "Science of Getting Rich". Foi em Denver, provavelmente por volta de 1999. Dei-lhe de presente. Nunca esperei que falasse a todos sobre isso, mas no palco, diante de 250 pessoas, ele lhes disse que havia uma celebridade na sala. Quando leu todos os títulos, soube que estava falando de mim. Levantei-me e agradeci os aplausos. Então, ele disse:

– E Joe escreveu um novo livro, não publicado, que todos vão querer. Chama-se *Spiritual Marketing.*

Bem, eu estava uma pilha de nervos, pensando: "Ah, agora eles vão me enforcar. Vão me levar para fora e me tacar fogo." Mas, em vez disso, 250 pessoas se precipitaram para mim, querendo o livro. Recebi 160 cartões de visita. Entre eles, havia um editor que disse que queria publicar o livro. Eu lhe perguntei:

– Por quê? Você nem mesmo o viu.

Ele respondeu:

– Bem, obviamente você é um autor. Já tem livros publicados. Deve saber escrever. Bob Proctor leu o livro e gostou dele. – Acrescentou: – Eu o publicarei sem ver.

Em resumo, eu estava com pavor de mostrar aquele livro, mas, como recebi um pequeno empurrão de Bob Proctor, por volta de 1999, o livro se tornou um best-seller. Reencarnou em *Criando riqueza e prosperidade – O fator de atração*. Eu o reescrevi, expandi e lhe dei um novo título. Um grande editor o escolheu. Devido a esse livro, acabei no filme *O segredo.* Rhonda Byrne, a criadora de *O segredo*, telefonou-me após ler *Criando riqueza e prosperidade –*

O fator de atração. Falou sobre sua ideia para o filme e perguntou se eu estaria interessado em um papel nele se ela conseguisse o dinheiro, o roteiro e todas essas coisas. Eu não a conhecia pessoalmente. Não sabia se realmente faria isso ou não, mas ela fez. O resto da história todos já conhecem, porque *O segredo* se tornou uma epidemia. No mínimo, despertou o planeta no nível do Segundo Estágio, e me colocou em *Larry King* duas vezes e em *Donny Deutsch.* Também preparou o caminho para minha participação em mais quatro filmes e, é claro, na versão em livro de *O segredo.* A publicação de *Spiritual Marketing* teve um efeito dominó, mas eu senti medo. Medo de publicá-lo. Alguém teve que me encorajar... e acredito muito em encorajar pessoas. Isso é algo sobre o qual quero lhe falar, porque estou aqui para encorajá-lo a perseguir seu sonho. Estou aqui para encorajá-lo a ousar algo que valha a pena. Encorajá-lo a despertar. Bob Proctor me encorajou e me constrangeu diante de 250 pessoas, mas aprendi que frequentemente, quando você enfrenta seus medos, sua riqueza, seu sucesso, seu romance – as coisas que realmente procura – estão logo atrás do que teme. É por isso que é tão importante enfrentar seus medos. Atrás deles há um tesouro.

O dinheiro é bom

Uma das coisas que estou muito feliz em partilhar com você neste programa é a ideia de que a abundância de fato é boa. O dinheiro realmente é bom. Aprendi que muitas pessoas o afastam. De fato, dizem que o querem, mas interna e inconscientemente o temem. Examinarei isso com você em *O curso do despertar.* Eu o ajudarei, porque muita gente diz conscientemente: "Quero um novo emprego", "Quero que meu livro seja publicado", "Quero ser bem-sucedido em meu negócio", "Quero ter muito dinheiro no banco", "Quero me livrar das dívidas", "Quero ter independência financeira". Mas inconscientemente, o que você acha que estão dizendo? "O dinheiro é ruim. O dinheiro é diabólico. Não mereço dinheiro. As pessoas ricas são esnobes. Os impostos consumirão todo o meu dinheiro."

Tudo isso são crenças e medos. No nível superior da mente consciente, elas dizem: "Eu quero dinheiro." Mas abaixo da superfície, na mente inconsciente, que é o sistema operacional mais poderoso, dizem "Eu não quero dinheiro porque tenho medo dele", e o afastam. Aprendi que o dinheiro é bom e realmente pode me ser útil. O dinheiro é apenas uma ferramenta que não tem em si nenhuma energia. Todos nós dedicamos energia a obtê-lo. Você faz isso. Eu faço isso. Mas o dinheiro em si é puro. É papel, é moeda, tem o valor que lhe atribuímos, mas podemos usá-lo para realizar milagres.

Contribua para o mundo sendo uma pessoa feliz, saudável e rica

Digo às pessoas que, se elas realmente querem fazer uma diferença no mundo, se querem que o mundo seja um lugar mais feliz, saudável e rico, devem contribuir para isso sendo elas mesmas mais felizes, saudáveis e ricas.

Marketing espiritual

Sou conhecido como um homem de marketing espiritual e, como já mencionei, escrevi um livrinho chamado *Spiritual Marketing* que se tornou *Criando riqueza e prosperidade – O fator de atração.* Acredito que o espiritual e o material são dois lados da mesma moeda. Não são, de modo algum, opostos. Nenhum deles deve ser desprezado. Você precisa de ambos para ter uma vida desperta. Precisa dos lados espiritual e financeiro para andar neste mundo. Precisa da essência, do espírito em seu corpo, mas também precisa de seu corpo para se mover neste nosso mundo de hoje. Não é exclusivamente um ou outro. Ambos têm valor, são necessários e integrados em uma unidade. Também falo sobre coisas como marketing, mas não lhe ensinarei marketing neste curso; tenho outros programas que tratam disso. Este livro é sobre despertar, despertar para a vida que você adoraria ter em todos os níveis. Mas quero salientar que, quando converso com pessoas sobre marketing, noto que frequentemente elas têm uma ideia negativa ou ruim sobre isso. Essa é a abordagem da velha escola, em que você tenta manipular as pessoas para obter dinheiro. Não acredito de modo algum nisso. Acredito que marketing é partilhar o amor por seu produto ou serviço com pessoas que o receberão bem. Repetirei isso porque acho que é a nova e profunda definição do marketing como o conheço e desejo que seja no mundo: *marketing é partilhar o amor por seu produto ou serviço com pessoas que desejam ouvi-lo e o receberão bem.*

O amor é a essência

Quando falo sobre *O curso do despertar*, por exemplo, faço isso com paixão, porque me importo com você. Eu o faço por amor. Se isso o toca, e aparentemente já tocou porque você investiu neste livro, percebe que o está recebendo bem. Assim, conectei-me a você no nível do coração. Meu coração o tocou, e você investiu no livro que agora está lendo. Tudo isso se baseia no amor. Acho que o amor tem tudo a ver com marketing, dinheiro, vida, abundância, romance e espiritualidade. O amor é a essência de tudo. É a essência de *O curso do despertar*. Quando avançarmos juntos, isso se tornará muito, muito claro.

Benefícios práticos

Bom, vamos fazer um resumo das coisas de que temos falado e examinar os benefícios que você obterá deste programa.

Em primeiro lugar, você se livrará de dívidas, o que significa pagar integralmente seus cartões de crédito e ficar atento às prestações de sua casa, de seu carro ou de qualquer coisa que o possa estar mantendo endividado. Neste momento, isso talvez pareça impossível, mas é porque você está se baseando em sua mentalidade atual. Ao passar pelos quatro estágios do despertar, verá como de fato pode saldar suas dívidas. Verá como pode se tornar independente financeiramente, e "independente financeiramente" na verdade significa livre de preocupações com dinheiro, saúde e finanças. Novamente, talvez isso pareça impossível. Continue comigo. E se neste momento você não tem problemas com dinheiro, se já tem o bastante, é independente financeiramente, não tem dívidas e está se saindo muito bem nos negócios, pode não estar tendo tanto sucesso em outras áreas. Por exemplo, pode ter problemas com romance, relacionamentos, o amor de sua vida e até mesmo com seu amor-próprio. Tratarei de tudo isso neste livro. Você ou alguém em sua família pode ter um problema de saúde. Você pode estar preocupado com o envelhecimento, com emagrecer ou engordar. Falaremos sobre isso. A propósito, perdi 36 quilos e entrei em sete competições de fitness – depois de uma vida inteira de obesidade infantil e adulta. Se eu posso fazer isso, você também pode, e qualquer um pode.

A chave *é* a felicidade

Se você também está tentando encontrar a felicidade, ela é um componente essencial em todo o programa do despertar. Como você descobrirá, a felicidade é a chave para obter tudo o que deseja, e eu lhe explicarei em detalhes e lhe mostrarei modos de ser feliz agora. Você descobrirá que pode ser feliz independentemente do que está acontecendo em sua vida, e não tem que mudar as pessoas ao seu redor, seu emprego ou as coisas que o cercam para encontrar a felicidade agora. E não se culpe por querer bens materiais. Não há nada de errado com carros, casas, objetos de desejo e querer fazer diferença em sua própria vida pessoal. Tudo isso é divertido. Vale a pena buscá-lo. Passando pelos estágios de consciência e despertar, você chegará a um ponto em que, de um modo automático, natural e amoroso, também desejará fazer diferença no mundo. Isso não significa que você tem que se tornar outro Gandhi. Não significa que tem de passar fome. Não significa que tem que fazer o que o desagrada, mas haverá algo que virá de seu coração e será uma extensão natural de quem você é.

Os quatro estágios de consciência

Quando seguirmos neste programa, eu lhe falarei sobre o que funcionou em minha própria vida. Ainda gosto de carros, mas também quero fazer diferença na vida das pessoas. Gostaria, por exemplo, de resolver para sempre o problema da falta de moradia, e iniciei um movimento para isso. Não há nada de errado em querer carros, anéis bonitos ou qualquer coisa – também o ajudarei na subida para os quatro níveis de consciência. Como nunca falei sobre o quarto nível, mesmo se você conhece meu trabalho, isso será algo novo. Totalmente novo. E se não o conhece, lembre-se de que eu o levarei do jardim de infância para a primeira série e a universidade, passando por diferentes níveis até terminar no quarto. Ao avançarmos neste livro, passaremos por esses estágios de iluminação, esses estágios de consciência.

Possibilidades infinitas

Tenha em mente que você pode querer algo maior do que o que algumas pessoas consideram como objetivos egoístas. De fato, pode querer paz mundial; pode querer fazer diferença no mundo, em uma área ou um país em particular. Os princípios que lhe ensinarei também se aplicam nesse caso. Com este programa, você pode conseguir praticamente tudo o que imaginar. Eu o conduzirei por todos esses passos.

Acho que vale a pena mencionar agora que isso é apenas entre mim e você. Falo com você enquanto estou sentado aqui e você está sentado aí. O que digo vem do meu coração. É em parte inspiração, em parte orientação divina e em parte baseado em minha educação passada e coisas que definitivamente quero lhe dizer. Mas não tenho um script. Estou sendo espontâneo. Falando do meu coração para o seu coração, e essa também é uma parte essencial de todo este programa.

Para despertar, você precisa vir de seu coração. *Coração, amor, felicidade* são palavras-chave que ressurgirão ao longo deste programa. Então, continue comigo em *O curso do despertar*.

Meditação

Todos esses estágios farão uma grande diferença em sua vida a partir de agora, porque a seguir eu lhe pedirei para fazer uma pequena meditação. Lembra-se de quando lhe pedi para fazer aquela lista de medos? Olhe para ela e respire. Apenas olhe para seus medos, um a um, e inspire profundamente. Ao inspirar, prenda a respiração contando até cinco e olhe para sua pequena lista. Depois expire, contando até três e inspire de novo. Repita, apenas respirando naturalmente, relaxando aos poucos enquanto olha para sua lista de medos. Olhando para a lista e respirando, perceberá que seus medos estão se tornando menos intensos. Não têm a força que originalmente tinham. Se ainda se sentir um pouco desconfortável em relação aos medos da lista, não faz mal. Não estou lhe pedindo para fazer nada com eles. Você só está inspirando, prendendo a respiração, contando até cinco, expirando, contando até três e inspirando de novo.

Quando você repete esse ciclo por alguns minutos, fica tranquilo em seu dia, nesse momento e lugar em que não tem mais medo. Mais tarde pode notar que, se você se deparar com esses medos, eles não mais o intimidarão tanto. Estão mais leves. Mais confortáveis. Você está mais à vontade com eles. De fato, pode estar livre deles. Não pense demais neles. Não os sinta demais. Simplesmente aprecie a respiração: a inspiração ao olhar sua lista, e a expiração. Eu o verei no próximo capítulo quando continuarmos *O curso do despertar*.

2
Primeiro Estágio
Vítima

O único momento em que há obstáculos no caminho é quando você tem crenças interiores que ainda o limitam. Em certo ponto da minha vida, fui sem-teto. O que aconteceu comigo foi que aprendi o segredo. Já disse que se você não é rico e deseja ser, provavelmente isso se deve às suas próprias intenções conflitantes. Você pode tomar todos os tipos de atitude, ter todos os tipos de intenção e assistir repetidamente a O segredo. *Algumas pessoas assistiram duzentas vezes. Duzentas vezes! Mas não mudará nada se não eliminar as intenções conflitantes.*

– Joe Vitale

Confusão antes da clareza

Bem-vindo ao Primeiro Estágio de *O curso do despertar.* Neste ponto, você realmente pode estar um pouco confuso, o que é natural. Tenho uma amiga chamada Mandy Evans, uma pessoa encantadora, que escreveu um livro intitulado *Emotional Options* e depois um segundo, *Travelling Free.* Certa vez, ela disse: "Confusão é aquele estado mental maravilhoso logo antes da clareza." Sempre adorei essa frase, porque fiquei confuso muitas vezes em minha vida, mas notei que isso sempre passa, as nuvens se afastam, o sol aparece e subitamente tenho uma nova consciência. Mais uma vez, é disso que estamos falando. Se neste momento você está confuso, isso é normal e esperado. De fato, pode ficar confuso mais algumas vezes durante este programa. Portanto, continue comigo e aprecie o processo.

Aprenda a reconhecer a mentalidade de vítima

Vamos falar sobre o primeiro estágio do despertar. De muitos modos, o primeiro estágio não é sobre despertar, porque quando você nasce tem mentalidade de vítima. Não como um rótulo na testa, e provavelmente você nem pensa nisso. Mas somos programados desde o nascimento para ceder à autoridade externa. Tudo começa logo após o nascimento, quando nossos pais começam a nos dizer como o mundo funciona. Agora, se você entender que estamos em um mundo gerado por crenças e que suas crenças criam sua realidade, entenderá que seus pais têm crenças que criam a realidade deles. Eles descarregam essas crenças diretamente sobre nossa experiência. Quando você nasce, é inconsciente. Não é uma lousa em branco, mas quase isso. Absorve o que seus pais dizem, observa o que fazem e tira conclusões. Toma decisões baseado em tudo o que eles fazem.

Por exemplo, se seus pais acham que é difícil ganhar dinheiro, se acham que dinheiro é ruim, se discorrem longamente sobre problemas de saúde, é bem provável que você tenha essas mesmas atitudes. Há muita programação, por assim dizer, que vem dos pais, mas não apenas deles. Seus pais o mandam à escola. Na escola, ensinam-lhe como o mundo funciona. Contudo, o sistema escolar não ensina necessariamente como despertar. Ensina como sobreviver. E do ponto de vista da sobrevivência, faz um bom trabalho, um trabalho que de forma alguma é imaculado, mas a escola também o programa para falta e limitação. Programa-o para a falta de abundância, e realmente há escassez no mundo. Mais uma vez, conscientemente você não pensa em nada disso.

A religião faz o mesmo. Seus pais têm crenças sobre o universo, Deus e o divino. Você as assimila, geralmente sem questioná-las. Não estou dizendo que isso é bom, ruim ou regular; estou dizendo que, por muito tempo, você foi treinado a fazer a vontade alheia, seja do governo, que também faz um pouco de programação, ou da mídia, que faz muita. O que você vê na televisão, o que vê no noticiário, o que vê hoje em dia na internet, é programação em um nível diferente. Tudo isso, independentemente se vem de seus pais, da escola, do governo, da religião ou da mídia, é programação para você ficar sob a influência alheia.

O Primeiro Estágio: tem tudo a ver com ser vítima

O primeiro estágio tem tudo a ver com ser vítima. A maioria das pessoas vive tristemente até o fim de seus dias, sentindo-se vítimas. Agem com essa mentalidade, tentando fazer diferença em suas vidas. Por exemplo, já mencionei que fui sem-teto. Queria trabalhar. Bem, eu fazia as coisas clássicas que alguém com mentalidade de vítima faz. Candidatava-me a empregos. Quando conseguia um, fazia o que alguém com essa mentalidade faz – tentava arranjar um emprego diferente. E também fiz coisas como preparar currículos para tipos diferentes de pessoas. E vi que as que apareciam, até mesmo CEOs e altos executivos, também tinham mentalidade de vítima e procuravam empregos com salários quase iguais ao que já recebiam. Talvez quisessem um pouco mais de dinheiro, mais alguns benefícios, ou trabalhar em um ambiente diferente, fazendo algo um pouco diferente. Mas estavam entregando seu poder para outra pessoa, e tinham também a sensação de que não mereciam mais do que já recebiam. Tudo isso vinha da mentalidade de vítima. Esse é o primeiro estágio do qual você precisa despertar.

Somente vítimas põem a culpa nos outros e se queixam

Você pode não saber que está em um círculo vicioso de recriminação, mas talvez esteja. Eu estive durante muito tempo. Lembro-me de que, quando estava crescendo, culpava Deus, meus pais, o sistema escolar e todos pelo que eu passava, e era muito infeliz. Culpava porque não queria assumir a responsabilidade, e não sabia como assumi-la. Esse conceito não existia em minha mente. Eu estava sendo vítima sem saber que era. Quando disse que admirava autores como Jack London e Ernest Hemingway, era porque eles lutavam contra o sistema, contra a natureza e contra os elementos. E, segundo suas obras de ficção, eram vencedores. Descobri que estava tentando fazer o mesmo e me sentia um perdedor. Não estava progredindo no mundo e isso me deixava infeliz e muito propenso a lutar. Eu estava fazendo aquele "esforço" de que já falamos.

Tudo isso aconteceu porque eu era vítima e não sabia. Henry David Thoreau disse: "A maioria dos homens leva uma vida de silencioso desespero." Bem, eu me desesperava, às vezes em silêncio e às vezes em voz alta. Você provavelmente já se viu se queixando do sistema, do governo, do presidente, dos terroristas, de tudo o que acontece no mundo. Poderia ser de seus vizinhos, de sua família, de seus amigos. Mas isso não soa como se você fosse vítima? Neste primeiro estágio, estamos falando sobre despertar para o fato de que você tem pensado como vítima. Assim que despertar para esse pensamento, poderá começar a trabalhar nisso, o que significa que ainda se sentirá uma vítima, mas terá despertado para esta simples ideia: "Como tenho sido vítima, talvez, se fizer as coisas de um modo diferente, possa transcender esse primeiro estágio." Repito que a maioria das pessoas adquire essa mentalidade no nascimento. E não podem passar para o segundo, o terceiro e o quarto estágios, porque, no primeiro, não despertaram para o fato de que eram vítimas.

Se você está confuso, não se preocupe. Isso se tornará claro à medida que formos prosseguindo. Não quero que descarte nada. Quero que digira tudo. Essas ideias podem parecer estranhas porque ninguém mais lhe falou sobre isso diretamente (do meu coração para o seu), deste modo em particular. Repito: digira isso; não o descarte. Continue comigo neste caminho. Vamos prosseguir juntos e descobrir como o mundo realmente funciona.

Sete chaves para fugir do padrão de vítima

Para ajudá-lo a entender a mentalidade de vítima e a abandoná-la (de fato, se conscientizar a respeito e começar a passar para o próximo estágio), deixe-me falar sobre os sete pontos-chave. Esses sete princípios podem ajudá-lo a despertar para o primeiro estágio e começar a entrar no segundo. Quero examinar esses sete pontos-chave com você agora. Se ficar um pouco confuso ao ouvi-los, sorria e saiba que, à medida que formos prosseguindo, tudo se tornará mais claro.

1. Assuma 100% da responsabilidade

Você é totalmente responsável pelas experiências em sua vida. Não se censure por elas; não são culpa sua, mas responsabilidade sua.

2. Absorção inconsciente

Você absorve crenças da própria cultura. Isso é inconsciente e tem a ver com o que eu disse antes: quando você nasce, começa a receber informações e crenças sobre como viver e como o mundo funciona. Você não pensa sobre isso, é tudo inconsciente.

3. Você é mais poderoso do que imagina

Você não é o rei da Terra. Não é Deus. Mas tem mais poder do que jamais imaginou. Novamente, isso pode parecer inspirador ou intimidador, dependendo de como o vê quando ainda está no primeiro estágio de mentalidade de vítima. Apenas reflita um pouco a respeito e veja como se sente.

4. Conscientize-se de seus pensamentos

Você pode mudar seus pensamentos, mas antes precisa se conscientizar deles. Isso é bem interessante, porque muita gente não está consciente de que os têm. Eles *são* seus pensamentos. No primeiro estágio de ser vítima, o pensamento ocorre, mas é você. Você se identifica com ele; não se distingue dele. Continue comigo. Neste momento, você está pensando sobre o programa, mas se parar por um momento, perceberá que está se observando pensando. Há pensamento, e depois a consciência dele. Então, você está pensando sobre o programa, mas se não separar nem um pequeno elemento, se sentirá como se você fosse o pensamento. Para mudar seus pensamentos, você deve se conscientizar de que é distinto deles. Isso é muito profundo e poderoso, um primeiro passo muito importante para entender como abandonar a mentalidade de vítima e começar a entrar no Segundo Estágio.

5. Você é ilimitado

O próximo passo é entender que você pode fazer o impossível. Não conhece seus limites. Também adoro isso, porque muita gente diz: "Ah, certamente há coisas impossíveis; certamente há limites." Bem, quando você tem mentalidade de vítima, pensa assim. Mas se começar a olhar para a velha história, a velha ciência, e vir os avanços surpreendentes que estão ocorrendo, começará a perceber que realmente não há limites, que nada é impossível. Quando falamos sobre o que é possível hoje, nos baseamos em nossa compreensão do que a ciência e a física atualmente nos dizem que é possível e impossível. Mas a ciência e a física continuam a mudar à medida que aprendemos mais sobre nós mesmos. Então, por ora, apenas aceite a ideia de que pode fazer o impossível, que não conhece seus limites, e isso é uma grande verdade. Você não os conhece. Não experimentou tudo. Talvez não tenha experimentado muito de nada. Quando experimentar, descobrirá quais são seus limites. E, quando mudar suas crenças, descobrirá que não há limites. Só há restrições mentais.

6. A emoção é o combustível

O sexto princípio é este: qualquer imagem à qual você acrescente emoção tenderá a se manifestar. E isso é algo poderoso. Você já percebeu que, em sua vida, o que realmente ama e odeia parece surgir a seu redor? O motivo é que você tinha uma imagem e lhe acrescentou um forte sentimento. Explicarei sobre isso em mais detalhes quando avançarmos no curso. Por enquanto, só quero que aceite a ideia de que aquilo que você visualiza em sua mente com um sentimento forte, especialmente se for de amor ou ódio, tende a ser atraído para sua consciência e sua experiência de vida.

7. Deixe para lá

Finalmente, o sétimo é que você pode obter milagres quando deixa para lá o apego e a necessidade. Isso é muito profundo, e direi algo que a princípio o chocará, mas é a pura verdade. Você pode ter o que quiser, desde que não precise.

Isso fará mais sentido mais tarde. Mas a ideia é que, quando você fica apegado a algo, viciado em algo e precisando de que algo aconteça, na verdade emite uma energia que o repele. Não o experimenta em sua vida. Quando você se preocupa menos com o que gostaria de ter, emite energia de amor, desapego e simples desejo. As chances são de que seu desejo logo se torne realidade simplesmente porque você não está se preocupando tanto com isso.

Todos fazem isso

Quando você leu sobre os sete princípios que o ajudam a deixar o primeiro estágio do despertar e entrar no segundo, talvez tenha tido alguns pensamentos ou algumas crenças sobre eles. Talvez não os tenha compreendido. Como se sentiu? Onde estou querendo chegar é que a experiência de ser vítima pode ser um pouco furtiva, ocorrer abaixo da consciência, e você tem que prestar atenção ao que diz a si mesmo. Pode ser: "Ah, as coisas que o dr. Joe Vitale fala não fazem nenhum sentido."

Suponhamos, por exemplo, que você sofreu um acidente de carro. Quem culparia? Se ler os jornais e vir que algo está acontecendo, seja a crise do petróleo ou um alerta terrorista, quem culparia? Você olha para dentro de si mesmo ou diz algo, como "A culpa é do presidente", "A culpa é do governo", "A culpa é dos partidos políticos"? Se tem um problema no trabalho, quem culpa? Você diz que a culpa é do chefe? De um supervisor em particular? Das condições climáticas? Geralmente as pessoas com mentalidade de vítima culpam os outros. Apontam o dedo para tudo a seu redor.

Portanto, a primeira coisa da qual quero que você se conscientize é que todos nós fazemos isso. Eu faço e você provavelmente está fazendo agora. Provavelmente o faz o tempo todo; provavelmente o fez em algum momento ontem ou hoje. Tudo que lhe peço agora é para se conscientizar disso. Esse é todo o objetivo deste livro. É por esse motivo que se chama *O curso do despertar.* Quando você se torna consciente, pode despertar.

Uma sensação de liberdade

Quando falei sobre os sete princípios, talvez você os tenha aceitado, talvez não. Mas provavelmente pensou sobre eles. Quero que examine a ideia de que você não é seus pensamentos. Agora, se isso é algo que faz há muito tempo, apenas continue comigo, porque logo chegaremos à parte avançada. Então, você leu os sete princípios e pensou sobre eles. Percebeu que estava pensando sobre eles? Deixe-me fazer essa pergunta de um modo diferente. Neste momento, quando lhe faço esta pergunta, há pensamentos passando por sua mente. Você está balançando a cabeça, perguntando-se do que estou falando ou respirando profundamente e percebendo: "Há pensamentos passando pela minha mente, mas não são meus." Estão apenas passando, como nuvens no céu. Os pensamentos estão na tela da consciência. Você não é esse pensamento. Não é o próximo. Pode observar esses pensamentos e separar-se deles. Sendo assim, há uma sensação de liberdade. Há um começo de abertura para um novo estado de consciência.

Por enquanto, apenas observe seus pensamentos e dedique um instante a respirar através deles, porque essa é uma virada muito grande em sua vida. É fácil dizer que você é vítima. É fácil apontar o dedo para os outros. É fácil rejeitar os sete princípios que acabei de apresentar. Porém, peço-lhe que confie em mim. Já passei por isso. Passei pelos quatro estágios do despertar. E o estou ajudando a passar pelo primeiro.

Quando lhe disse que fui sem-teto e não podia voltar para Dallas, foi porque tive essa mentalidade de vítima por muito tempo. Ela se manifestava sempre que eu voltava àquela cidade. Quero dizer que, se você já trabalhou em si mesmo com outros livros ou programas de áudio, ainda poderia ter um pouco dessa mentalidade de vítima em algumas áreas. Talvez seu romance esteja indo muito bem, mas sua saúde nem tanto. Bem, quem está culpando por isso? Se não está sendo muito bem-sucedido em suas finanças, quem está culpando por isso? Tive que voltar a Dallas duas ou três vezes e ver um "treinador em milagres" para me livrar das crenças que ainda estavam ativas dentro de mim.

Neste programa, apresentarei exercícios, meditações e técnicas para ajudá-lo a abandonar essas crenças e ser livre, não mais uma vítima, e feliz em todas as áreas de sua vida. Essa é a promessa de *O curso do despertar*, a promessa de começar considerando as ideias desses sete princípios, prestando atenção a seus pensamentos.

Isso não tem a ver com o passado

Por favor, entenda a diferença: talvez você tenha sido vítima de um acontecimento em sua vida. Mas não estou falando de uma experiência do passado que ficou para trás. Talvez você descubra que precisa fazer algo para superá-la. Estou falando de uma mentalidade, um padrão de pensamento que poderia atrair algumas das coisas que lhe acontecem, mantendo-o em uma situação que não deseja mais, mas na qual permanece porque se sente vítima.

Sim, as pessoas têm ataques cardíacos, problemas de saúde e passam pela experiência de ser alvo de algum tipo de crime. Têm experiências em que de fato são vítimas. Não é a isso que me refiro (embora possa ser parte disso, especialmente se for um padrão recorrente em sua vida). Refiro-me àquela atitude mental de sempre dizer: "Você não vai vencer." Nesse raciocínio, você pode se esforçar um pouco: comprar um livro sobre estabelecimento de objetivos, ir a um terapeuta, preencher formulários para se candidatar a um novo emprego, responder a anúncios ou preparar um novo currículo. Mas ainda está trabalhando no contexto do primeiro estágio do despertar. Ainda está partindo dessa mentalidade de vítima; mas o que deve perceber é que o passado não é igual ao futuro. O que aconteceu no passado não tem que acontecer de novo. Você poderá ter o que quiser em sua vida quando puser em ordem seu pensamento sobre o que está acontecendo nela.

Uma nova sensação de poder

Mais uma vez, respire profundamente, preste atenção às suas crenças e aos seus pensamentos e comece a se conscientizar de que talvez, apenas talvez, você tenha culpado o mundo por tudo o que está acontecendo. E talvez, apenas talvez, tenha mais poder do que algum dia imaginou que pudesse ter. Quando refletir sobre os sete princípios que lhe apresentei, volte e os releia. Quando começar a entendê-los, provavelmente terá uma nova sensação de poder. E quando a tiver, ela o levará da posição de vítima para o segundo estágio, do qual estou ansioso para lhe falar. Sei o que é estar na posição de vítima, porque fiquei nela por muito tempo, e essa não é uma posição muito agradável. Você nem mesmo sabe como a vida pode ser maravilhosa, porque se sente o tempo todo sob uma nuvem escura. Quando presta atenção a seus pensamentos e começa a nutrir a ideia de que pode ter mais do que algum dia imaginou, quando começa a abandonar o hábito mental de culpar e a adquirir o hábito mental de ser responsável, começa a despertar nesse primeiro estágio.

Até mesmo as vítimas têm uma escolha

Tenha em mente, que quando algo lhe acontece, mesmo com mentalidade de vítima, você ainda tem escolha. Algumas pessoas com essa mentalidade não sabem disso. Mas algumas sabem, e fazem uma escolha diferente. Em outras palavras, duas pessoas podem vir da mesma família e ter experiências de abuso muito parecidas, mas enquanto uma carrega esse abuso, julgamento e sofrimento para sempre, a outra o transforma em algo bom. Esta última pode se dedicar à cura e escrever livros sobre pessoas que sofreram abusos semelhantes, usando sua experiência para transformar os outros. Você sempre tem uma escolha. Quando algo lhe acontece, você pode considerar como profundamente negativo ou como uma oportunidade maravilhosa. Isso se aplica a praticamente tudo. Mesmo com mentalidade de vítima, você tem escolha sobre como agirá e o que isso significa para você.

Já mencionei Mandy Evans. Ela escreveu *Emotional Options* e *Travelling Free*. No último, fala sobre a ideia de ser vítima. Faz as pessoas olharem para o passado e verem o que lhes aconteceu, salientando que o importante não é o que aconteceu, mas o significado que você lhe atribui. Isso é muito importante, porque, ao considerar algo como uma experiência terrível, que nunca poderá ser esquecida ou perdoada, você carregará essa mágoa por bastante tempo. Será muito infeliz e provavelmente atrairá experiências parecidas. Certamente essas memórias permanecerão ali, e não serão nada agradáveis. Mas Mandy Evans diz que, se você olhar para essa mesma memória, essa mesma experiência, e mudar seu significado, talvez encontre algum benefício nela.

Você não precisa esperar para encontrar o benefício

Em meu livro *Criando riqueza e prosperidade – O fator de atração*, cito um autor, Kurt Wright, que parafraseio aqui. Ele diz que você pode pensar em algo que lhe aconteceu um ano atrás e, na época, o fez sentir-se vítima. Mas acrescenta que agora, um ano depois, você tem uma sensação de distanciamento que lhe permite ver que talvez o ocorrido tenha sido bom para você. Talvez até ache graça nela. Pode ser que conte a história do que lhe aconteceu um ano atrás e todos riam. Wright diz que, se você consegue ter senso de humor e distanciamento um ano após o evento, talvez pudesse ter na época em que ocorreu.

Se parar para pensar sobre isso, verá que é profundo. Significa que, independente do que aconteceu em sua vida e de seu nível de vitimização, você pode descobrir que isso lhe trouxe algum benefício. Quando lhe contei que fui sem-teto e lutei contra a pobreza durante muito tempo, salientei que, na verdade, isso me ajudou a crescer. Ajudou-me a ter uma história que inspira pessoas e que talvez esteja inspirando você. Só isso já faz ter valido a pena. Não estou sugerindo que você diga que tudo o que lhe aconteceu foi bom, porque sei que às vezes acontecem coisas que doem, e a dor ainda pode estar presente. Não importa, estou lhe enviando amor bem agora, enquanto falo e você lê estas palavras. Ao prosseguirmos, você despertará e entrará em um nível totalmente novo. Einstein disse: "Nenhum problema pode ser resolvido no mesmo nível de consciência que o criou."

Mais uma vez, é sobre transcender os pensamentos. Tem tudo a ver com nos conscientizarmos de nossos pensamentos para podermos passar por esses quatro estágios do despertar. E você tem que despertar do primeiro, em que é vítima sem saber. Um dos primeiros modos de fazer isso é se conscientizar de seus pensamentos. Em que está pensando agora? Está culpando os outros? Perceba que você realmente é distinto de seus pensamentos.

Desafie-se a parar de se queixar

Deixe-me lhe dizer algo fascinante. Um dos livros de que mais gosto no mundo é *A Complaint Free World*, de Will Bowen. Conheci o autor, entrevistei-o e agora estou em seu quadro de diretores para iniciar um movimento para realmente acabar com as queixas no planeta. De certo modo, parece um pouco absurdo. Todos se queixam, especialmente as vítimas. Elas estão sempre se queixando dos outros. Bem, Will Bowen lançou o desafio. É uma técnica útil para se usar nesse primeiro estágio. É claro que você também pode usá-la no segundo, e é útil independente de onde você esteja em seus processos de pensamento, crescimento e conscientização – ajuda-o em todos os estágios da vida. Bowen lançou o seguinte desafio: não se queixe durante trinta dias seguidos. Todo o objetivo deste exercício é se tornar consciente.

Adoro isso, porque acredito no poder da intenção, do qual lhe falarei mais tarde neste livro. Bowen lhe diz para, logo antes de se queixar, parar. Você ouve a queixa em seus pensamentos. Ouve que estava prestes a se queixar do motorista que atravessou o carro na sua frente, de seu chefe ou de sua cara-metade. Então algo acontece em seu cérebro; o alarme toca; estava prestes a se queixar de algo. Você para e o transforma no que deseja. Em vez de afirmar sua queixa, afirma sua intenção.

Será novidade se você nunca o fez, se nunca leu meu livro *Criando riqueza e prosperidade – O fator de atração* ou assistiu ao filme *O segredo*. Falarei mais sobre esse assunto depois. Agora quero que se conscientize de seus pensamentos. Isso é muito importante nesse primeiro estágio, quando está começando a se sentir vítima, mas despertando para a realidade de que talvez possa deixar esse sentimento para trás. Talvez possa ter mais controle sobre ele. E um modo de começar a sentir esse poder é prestando atenção no que está prestes a falar. Não no que está falando – no que está *prestes* a falar. Um pensamento se formou em sua cabeça e você está prestes a verbalizá-lo, a se queixar, mas morde a língua. Para e pensa: "O que eu preferiria ter?" Por exemplo, quando uma conta chega pelo correio, em vez de verbalizar a queixa "Não tenho dinheiro suficiente para pagá-la", afirme a intenção "Quero ter dinheiro suficiente para pagar esta e todas as outras contas".

É normal sentir-se desconfortável

Isso pode ser desconfortável. É a primeira vez que você tem esse tipo de raciocínio e define sua intenção. Se mantém mentalidade de vítima há bastante tempo, se sentirá como se estivesse experimentando uma roupa nova que talvez ainda não lhe caia muito bem. Mas é como qualquer outro aprendizado. Com a prática, se tornará mais fácil. Neste primeiro estágio, é importante prestar atenção a seus pensamentos.

Mude sua linguagem

Quero lhe dar outra dica. Quando estiver pensando, pode aprender a brincar com a linguagem, até mesmo neste primeiro estágio de mentalidade de vítima. Enquanto a maioria das pessoas diz que têm problemas, você pode começar a chamar os problemas de "oportunidades". É uma mudança de atitude mental. Brincando com a linguagem, você pode transformar frases que usam "tenho que", como "Tenho que me exercitar", "Tenho que trabalhar", "Tenho que fazer isso" em outras mais positivas, como "Tenho a oportunidade de me exercitar", "Tenho a oportunidade de trabalhar", "Tenho a oportunidade de ir a esse encontro". *Tenho a oportunidade de* [seja o que for que você estiver prestes a dizer] é mais afirmativo, enquanto *tenho que* parece mais uma queixa. Tem uma conotação mais negativa, de vítima. Mudando sua linguagem, você de fato assume o controle de sua própria realidade. Em vez de dizer que há um "obstáculo", diga que há um "desafio". Em vez de dizer "Tenho um inimigo", diga "Realmente tenho um amigo". Em vez de dizer que há alguém atormentando sua vida, diga "Há um mestre em minha vida." Em vez de dizer que você tem dor, pode chamar a dor de "sinal", porque a verdade é que, quando você sente dor, ela está tentando lhe dizer algo.

A dor pode ser sua amiga

Se prestar atenção à dor, poderá aprender algo. Quando têm dor, a maioria das pessoas que são vítimas, só quer pôr fim à crise, livrar-se dela. Mas, se você descobrir o que causou essa dor, realmente poderá acabar com ela para sempre. Portanto, a dor pode se tornar um sinal. Em vez de dizer "Eu exijo", você pode dizer "Eu gostaria". É bem mais gentil e amoroso. Em vez de dizer que tem uma queixa, pode dizer "Tenho um pedido". Em vez de dizer que está lutando, pode dizer, "Estou em uma jornada". Em vez de dizer "Você fez isso!", novamente sentindo-se vítima, pode dizer "Eu criei isso". Esses são modos de trabalhar no primeiro estágio do despertar. Você está trabalhando com a linguagem, com o pensamento e com a mente, mas é aí que tudo começa. Todos nós fomos vítimas, inclusive eu – não há nada de negativo nisso e a culpa não é sua. Você está despertando, assumindo responsabilidade e seguindo em frente. Realmente deveria dar um tapinha em suas costas, porque está se saindo muito bem; deveria se recompensar pelo que está fazendo e por estar investindo em sua própria vida.

Persiga seus sonhos

Tudo isso tem a ver com encorajá-lo a perseguir seus sonhos. Sou um homem que procura modos de encorajar a si mesmo e aos outros. Mas nem sempre foi assim. Como já disse, quando estava crescendo, ficava bravo com todo o mundo. Contudo, ao encontrar pessoas que acreditaram em mim, me encorajaram, trouxeram à tona algo formidável que estava em meu íntimo e só precisava ser purificado, regado e posto um pouco ao sol para crescer, isso começou a fazer diferença. Faço o mesmo com você, encorajando-o. Recentemente alguém me perguntou onde comecei a aprender sobre encorajamento, por que isso é tão importante e como aprendi que faz tanta diferença começar a encorajar a mim mesmo e aos outros. Então, pensei a respeito e me lembrei de que li um livro, provavelmente na década de 1980, intitulado *The Marva Collins Way.*

Marva Collins era professora no centro de Chicago, em uma área de gueto. Trabalhava para o sistema escolar, mas ficou tão frustrada que o deixou. Abriu sua própria escola no andar superior de sua casa. Começou com cinco crianças. Duas eram seus próprios filhos. As crianças que aceitava eram aquelas basicamente banidas pelo sistema, consideradas retardadas, "especiais". Eram analfabetas e totalmente incapazes de aprender – pelo menos de acordo com o sistema. Marva as aceitava e encorajava. Seu livro me ensinou que o que ela realmente fez foi amá-las. Marva as amou quando elas realmente não se amavam e, de muitas maneiras, eram vítimas de seu próprio ambiente familiar. Mas alguns dos pais confiavam o bastante em Marva para deixar seus filhos lá.

Marva ensinou as crianças a ler e escrever. Ensinou-lhes Shakespeare. Ensinou-lhes a ler poesia, escrever poesia e falar poesia. Após um ano com Marva, elas foram avaliadas e estavam cinco níveis acima de todas as outras crianças ao redor. *The Marva Collins Way* se tornou tão popular que Marva abriu uma grande escola. Pôde aceitar duzentas crianças, mas havia uma lista de espera de oitocentas. Foi impressionante. Mas a essência do que ela fazia era aceitar pessoas consideradas vítimas, amá-las e encorajá-las, encontrando o que havia de bom nelas. Marva não as criticava se faziam algo errado; as recompensava se faziam algo certo.

Outra pessoa que estudei foi Win Wenger, que escreveu um livro intitulado *The Einstein Factor.* Adoro Win. Ele é por si mesmo um Einstein – um gênio. Encoraja as pessoas e lhes ensina como aumentar o QI. A maioria delas acha que seu QI é inalterável; mais uma vez, essa é a mentalidade da vítima. Mas Win lhes ensina técnicas de imagens, ou imagéticas, que, praticadas durante vinte minutos por dia, podem aumentar seu QI em muitos pontos. Isso é surpreendente. Win me ensinou a primeira lei da psicologia: você obtém mais daquilo em que se concentra. Quando ele via que as pessoas estavam fazendo algo bem, as aplaudia. Marva Collins fazia o mesmo. Esse encorajamento melhorava aquilo em que as pessoas se concentravam. Você obtém mais daquilo em que se concentra.

Concentre-se no que está certo em seu mundo

Isso é muito importante, porque, se você se concentrar no que está errado em seu mundo, em ser vítima e ser negativo, é isso que irá expandir. Não há nada de absurdo nisso. Na verdade, essa é a primeira lei da psicologia, segundo Win. E todo esse método de se encorajar, encontrar algo bom, amar-se e encontrar algo para amar em si mesmo é um modo de começar a florescer e sair do primeiro estágio do despertar. Você começa a deixar a vitimização para trás porque descobre que tem mais poder, mais criatividade, mais controle e mais para amar do que jamais imaginou.

Comecei a usar o "estilo de Marva Collins" e o "estilo de Win Wenger" em minha própria vida quando dei aulas em Houston – aulas de redação e edição para adultos. Usei o mesmo método. Descobri que, quando as pessoas que se consideravam vítimas (destinadas a ser de um certo modo na vida devido à programação de seus DNAs) eram realmente encorajadas, faziam coisas milagrosas. Conseguiam publicar o que escreviam quando achavam que isso era impossível. Uma mulher que frequentou minhas aulas não havia escrito nada desde a escola secundária porque, quando escrevia algo para seu pai, ele achava horrível e rasgava, e isso a traumatizou. Ela se sentia vítima.

Trinta anos depois, assistiu às minhas aulas, eu lhe mostrei alguns modos de escrever e a encorajei a ser escritora. Eu a encorajei a respirar através de sua experiência de ser vítima e ela acabou escrevendo um ótimo livro. Não sei se chegou a ser publicado, mas essa mulher seguiu em frente porque encontrou alguém que acreditava nela. Criei o programa *Miracles Coaching* baseado em todos esses princípios, para que as pessoas possam ter acesso a alguém que as encoraje e acredite nelas.

Acredite em si mesmo

Insisto no seguinte: você tem que acreditar em si mesmo. Se der uma boa olhada em si próprio, poderá encontrar o bom, o mau e o feio. Quero que se concentre no bom. Quero que comece a florescer nesse primeiro estágio do despertar, descobrindo quais são suas características positivas.

Relacione seus pontos fortes

De fato, algo inteligente a fazer quando você tiver uma chance é uma lista de todos os seus pontos fortes – as coisas em que você sabe que é bom ou em que as pessoas dizem que é bom. As coisas que adora fazer e que faria, sendo ou não pago para isso. Pode ser cantar, representar, fazer jardinagem, exercitar-se ou aprender um idioma – muitas coisas. Pode ser consertar carros. Pode ser qualquer coisa. Quero que você se concentre em suas características positivas e as relacione. É um modo de reconhecer aquilo em que é bom, reconhecer suas capacidades e se concentrar no que tem de positivo. Porque, lembre-se: ao se concentrar nesses pontos, você os amplia. E esse é um modo de começar a se amar.

Sempre há um motivo positivo

Agora, gostaria que você fizesse uma lista de todos os momentos no passado em que se sentiu vítima. Lembre-se de que só os está relacionando. Essa experiência não tem que ser traumática. Apenas se divirta um pouco com ela; apenas respire. Respirar é muito importante. Respirar duas ou três vezes ao fazer qualquer exercício o tornará mais fácil. Envolva o corpo; alongue-se um pouco. Continue e mova um pouco os ombros; estique-se; sente-se ereto na cadeira; inspire profundamente e expire devagar. Permita-se relaxar durante este exercício.

Você está fazendo uma lista das experiências ou momentos em que se sentiu vítima. Depois que a fizer, escolha um item e lhe explicarei o que faremos com ele. Apenas examine a lista e escolha um item que se destaque. Não importa o que escolher; não há certo ou errado. Um desses itens está ali; você o escolhe e recebe bem.

Agora eu gostaria que dialogasse com isso. Pode ser no papel, se quiser, ou em sua mente. O que fará é perguntar à própria experiência o que ela tem a lhe ensinar. Você presumirá que há um motivo positivo para o que ocorreu. Mais uma vez, lembre-se de respirar. Você está seguro e relaxando; tudo está bem no mundo. Você controlou a situação e as circunstâncias; está em paz. É seguro olhar para isso.

Então, você escolheu um item de sua lista, algo que aconteceu no passado, e agora o olha com um certo distanciamento e finge que a experiência realmente pode conversar com você. Sei que isso parece estranho, mas se apenas fingir, se apenas imaginar que ela realmente pode lhe dizer o significado daquilo, o que poderia ser? Seja o que for que você sentir, ouvir ou intuir, apenas receba bem. Não julgue, não critique e não questione. Não interfira.

Mais uma vez, pergunte a essa experiência em particular qual foi seu motivo. Qual poderia ter sido a boa causa por trás daquilo? Receba bem o que quer que venha a sua mente. Se tiver dificuldade em ouvir a resposta, apenas finja que há uma. Se fingir que a experiência pode falar e que realmente há um motivo positivo para ela, qual poderia ser? Observe o que quer que surja. Se, por alguma razão, nada surgir, apenas relaxe, porque frequentemente isso surge depois. Pode ser enquanto você caminha ou vê TV; você pode até mesmo ter uma resposta em seus sonhos. Acredite que ela virá. Você afirmou sua intenção, acolheu bem o motivo positivo, a boa causa para a experiência em sua lista.

Assim, a resposta virá. Se não vier agora, não faz mal. Anote-a quando vier. Reconheça-a. Vá em frente e a escreva em seu caderno de anotações. Então, quando quiser, repita o mesmo processo com todos os outros itens em sua lista. Não tem que fazer tudo de uma vez, e nem agora. Pode ir com calma e fazê-lo em seu tempo livre. Divirta-se com isso. Realmente saiba que está seguro, e apenas relaxe. Tudo já passou. O que você procura é o motivo positivo para ter acontecido.

Se não receber a mensagem imediatamente, apenas aprecie o relaxamento, o estado positivo de amor total. Eu o verei no próximo capítulo de *O curso do despertar.*

3

Segundo Estágio

Aumento de poder

O universo gosta de velocidade. Quando a cutucada intuitiva vinda de dentro chegar, aja. Você sabe em seu coração que quer fazer algo. Pode ser abrir um negócio; prestar um serviço; escrever um livro; várias coisas, mas que são únicas para você.

– Joe Vitale

Bem-vindo ao Segundo Estágio, Aumento de Poder. Estou muito feliz em chegar aqui, porque você está se desenvolvendo ao passar pelos estágios da iluminação. Está se tornando cada vez mais consciente – e desperto.

De vítima a mago

Neste próximo estágio, acontece algo realmente mágico, porque você começa a se tornar um mago com poder sobre sua vida. Agora, como passar do estágio de vítima para o de aumento de poder? Como passar do primeiro estágio para o segundo?

O que acontece é que, ao longo do caminho, você vê um filme, lê um livro, alguém lhe diz a coisa certa, você assiste ao seminário certo, ouve o programa de áudio certo e algo se manifesta. Algo desperta. E devo lhe dizer que um filme de 2006, *O segredo*, tem feito isso por muitas pessoas. O filme conquistou os Estados Unidos e depois o planeta. Sozinho, tem despertado praticamente todos que assistem a ele.

O que é *O segredo*? Em primeiro lugar, se você não o conhece, pode visitar www.thesecret.tv e ler tudo sobre ele. Pode até mesmo assistir a um pouco do filme, baixá-lo ou comprar o DVD. Vale a pena.

A Lei da Atração

O segredo é sobre a Lei da Atração. Deixe-me apresentá-la a você. A Lei da Atração diz que suas crenças inconscientes atraem tudo o que você obtém em sua vida. Sua energia, suas crenças, sua atitude mental e seu sistema inconsciente determinam sua experiência de vida.

Se você estiver ouvindo isso pela primeira vez, provavelmente ficará um pouco chocado, porque começará a pensar: "Ah, meu Deus, sou responsável por essa confusão? Sou responsável por tudo o que obtive em minha vida, tudo de bom, ruim e regular?" Sim, é. Mas a boa notícia é que não estava fazendo isso conscientemente, mas inconscientemente, portanto, não há motivo para se culpar. Você não sabia o que estava fazendo. De muitos modos, ainda estava agindo como vítima.

Então surge o filme *O segredo*, dizendo que você poderá ter praticamente tudo o que quiser, se conseguir imaginá-lo e senti-lo. A boa notícia é que você pode dar uma guinada em sua vida, concentrando-se no que quer, sentindo-o e atraindo-o com o que chamo de ação inspirada.

Deixe-me explicar como isso funciona. Consegui um papel em *O segredo* porque escrevi um livro chamado *Criando riqueza e prosperidade – O fator de atração*. O livro apresenta cinco passos para criar riqueza ou o que você quiser em sua vida.

É muito útil dar esses cinco passos agora, porque eles lhe fornecerão a base para aprender o resto do segredo. Também nos basearemos nisso, depois deixaremos para trás. Mas, por enquanto, neste segundo estágio, é o que você precisa conhecer.

O processo do Fator de Atração: cinco passos para criar o que você quiser

Quais são os cinco passos? O primeiro é saber o que você *não* quer. É nele que a maioria das pessoas estão. Elas sabem muito bem o que não querem. Queixam-se de seus empregos. Se são empresárias, queixam-se da falta de clientes. Ou de sua saúde, de seus relacionamentos ou de suas finanças. Simplesmente se queixam.

1. Saber o que você não quer

Digo que é bom saber o que você não quer. Esse é o primeiro passo no processo do Fator de Atração. Saber o que você não quer é uma informação útil. Então, fique atento a isso. Na verdade, pode até mesmo anotar: transforme no que quer tudo que você diz que não quer.

2. Declarar uma intenção: o que você quer?

O segundo passo é declarar sua intenção. Declare o que quer. Algumas pessoas dizem: "Não sei o que quero." Tudo o que elas têm que fazer é ver do que estão se queixando e transformar isso em uma afirmação. Um objetivo. Uma intenção.

Se você se vir dizendo algo, como "Ah, eu simplesmente detesto meu emprego", transforme em "Pretendo adorar meu emprego" ou "Pretendo atrair o emprego que adoro". Se você diz algo como "Estou realmente cansado de não ter dinheiro suficiente para pagar a prestação da minha casa, minha conta de telefone ou a prestação do carro", seja o que for, está se queixando. O que você quer?

Afirme sua intenção, que poderia ser "Quero ter dinheiro mais do que suficiente para pagar minhas contas antes do vencimento", ou "Pretendo pagar todas as minhas contas e ficar totalmente livre de dívidas".

Como você pode ver, usa o primeiro passo para chegar ao segundo. Portanto, o primeiro passo é relacionar o que você não quer. O segundo é transformar esse "não quero" no que você quer, em sua intenção. Oprah Winfrey diz: "A intenção governa o mundo." Falarei mais a esse respeito neste capítulo.

3. Purificar crenças limitadoras

Qual é o terceiro passo? O terceiro passo é bastante profundo. Muito importante. É algo sobre o qual quase ninguém fala. Chama-se "purificar". O que isso significa? Significa que, se você tiver intenções conflitantes, crenças negativas ou problemas de merecimento e autoconfiança, não obterá o que deseja.

No segundo passo, você pode ter dito, "Pretendo perder peso", "Pretendo parar de fumar", "Pretendo atrair grande riqueza". Contudo, se em seu íntimo não acreditar que isso é possível ou que o merece, se tiver várias crenças negativas limitadoras, a intenção não se concretizará.

Então, no terceiro passo, você tem que eliminar a negatividade. Tem que purificar as crenças limitadoras. Tem que se livrar das coisas que o detêm e estão em seu inconsciente.

A maioria das pessoas não tem a menor ideia disso. Não falam a respeito, porque não têm consciência disso. A boa notícia é que, quando você purificar essas crenças, poderá obter praticamente tudo o que deseja, e de um modo quase instantâneo. Essa é a promessa do terceiro passo.

4. "Nevilizar" seu objetivo

O quarto passo no processo do Fator de Atração é "Nevilizar seu Objetivo". Cunhei a palavra "nevilizar". Ela se baseia em um homem chamado Neville Goddard, que era místico, autor e orador. Ele falava sobre atrair para sua vida o que você desejasse, quando conseguisse visualizar o resultado final, sentindo-o. A chave para nevilizar seu objetivo é esse aspecto do sentimento. Muita gente sabe visualizar e meditar (se você não sabe, falarei um pouco sobre isso neste capítulo), mas nevilizar seu objetivo vai além de tudo isso. Neste quarto passo, você imagina o resultado final.

Se quiser mais dinheiro em sua vida, um determinado carro, uma casa, um emprego em particular ou a melhora na saúde de alguém, visualize-se tendo isso agora. Não se visualize tendo no futuro, finja que já tem. Quando você finge que já tem, acelera a Lei da Atração, e isso começa a entrar em sua vida. Nevilizando seu objetivo, você o torna mais real para você e para o universo. Então o universo o trará. Esse é o quarto passo: "Nevilizar seu Objetivo."

5. Deixar para lá e realizar uma ação inspirada

Qual é o quinto passo? Deixar para lá e realizar uma ação inspirada. Isso significa deixar o apego para lá. Lembra-se daqueles sete princípios dos quais falei? Quando você deixa para lá sua necessidade, seu vício, seu apego a algo, e apenas permite que o que deseja venha até você, isso vem muito mais rápido. Nada bloqueia seu caminho.

Deixar para lá significa deixar para lá sua necessidade de que algo aconteça. Você deseja o emprego e o carro, riqueza e saúde – qualquer coisa. Mas não morrerá se não conseguir, então relaxa. De certo modo, esse é um estado de divertimento. A outra parte de deixar para lá é "realizar uma ação inspirada". Isso é muito importante. Muita gente assiste ao filme *O segredo* e depois critica, dizendo: "*O segredo* não fala sobre ação. Só diz 'Ah, se eu me sentar numa cadeira e visualizar que tenho um carro, quando me levantar da cadeira, o carro estará em meu estacionamento'." Não funciona assim.

Acredito definitivamente em magia e milagres; eles são possíveis. Mas, na maioria das vezes, você tem que fazer algo. Realmente, tem que agir. Tem que participar do processo de manifestação, porque se trata de um processo conjunto de criação. Você faz algo e o universo, o Divino ou Deus – seja qual for o nome que der a esse poder superior – entra em ação e faz sua parte. Esse é um esforço conjunto.

Portanto, você tem que realizar o que chamo de *ação inspirada*. Esse é o quinto passo. Uma ação inspirada é algo que vem de dentro de você. Não é alguém lhe dizendo "Ah, você tem que traçar um plano de negócios" ou "Você tem que colocar um anúncio para encontrar uma determinada pessoa ou conseguir um determinado emprego". Concentre-se nisso: o que sua intuição lhe diz para fazer? Ela pode lhe dizer para comprar um livro, assistir a um seminário, virar para a esquerda quando você normalmente vira para a direita. Ela o cutuca. É inspirada, porque vem de dentro de você.

O poder está em você

Há cinco passos no processo do Fator de Atração. Você pode dá-los para praticamente tudo. Eles são parte do poder – da percepção de que você tem mais poder do que jamais imaginou. Como vítima, nunca se sentiu assim. Trabalhava com a mentalidade de "você contra o mundo" e essa era a sensação que tinha. Era frustrante, irritante e o esgotava.

Você assiste ao filme *O segredo*. Lê *Criando riqueza e prosperidade – O fator de atração* e vários livros que foram publicados desde *O segredo*. Há todos os tipos de livros e de grandes autores. Então, começa a perceber: "Uau, eu tenho poder! Com minha mente e visualização realmente posso obter milagres divinos!" Essa é a parte divertida, a glória e a magia deste estágio em particular.

Pondo isso em prática

Vamos nos divertir um pouco. Queria que você imaginasse algo que gostaria de ter em sua vida neste momento. Algo que gostaria de atrair. Isso tornará mais real a sensação de aumento de poder.

Portanto, *imagine*. É um carro? Um relacionamento? Saúde? Uma casa? Algo que não mencionei aqui, mas que sempre desejou muito? Não precisa ser algo enorme, algo que você considera impossível. Pode ser algo que lhe parece um pouco distante, mas realmente desejaria ter em sua vida. O que você gostaria de atrair agora?

Um modo de se concentrar nisso é pensar no primeiro passo de *O fator de atração*. Do que você tem se queixado? Se disse "Estou cansado de ter dor nas costas", obviamente deseja se concentrar na saúde perfeita. Em ter costas fortes. Pense em algo de que tem se queixado e depois faça sua escolha. *Seja lá o que for.* Não há certo ou errado. Tudo o que você deseja é válido. Então, você transformará isso em uma intenção, uma afirmação, algo que pretende ter.

O desejo é suficiente, mas acho que tem mais força quando você diz "Pretendo ter esse dinheiro", "Pretendo ter uma renda inesperada", "Pretendo ter boa saúde". *Pretendo* é mais forte e poderoso do que apenas dizer "*Quero* ter mais dinheiro".

Quando você começar a pensar sobre o que deseja e a se imaginar tendo, observe se surgem outros pensamentos a respeito. Por exemplo, se pensar "Quero ter esse carro em particular", mas surgirem os pensamentos "Como poderei me dar ao luxo de tê-lo?", "O que meus pais pensarão se eu o tiver?", "O que meus vizinhos pensarão se eu o tiver?", "Atrairei ladrões se eu o tiver?". Observe quaisquer crenças que surjam. Não interfira nelas e, por enquanto, apenas as observe. Receba-as bem. Lembre-se de respirar. Observe quais são as crenças.

Vamos continuar e ir para o quarto passo, quando você imagina que já tem o que pretende atrair. Neste ponto, você visualiza o resultado final. Imagina que já o atraiu. Se for o carro, já está em sua entrada para automóveis. Se for saúde, já foi ao médico e ele lhe disse: "Você está ótimo!" Você removeu todos os obstáculos. De todos os modos possíveis, obtém o resultado final de atrair essa experiência em particular.

Se deseja uma casa nova e disse "Pretendo ter essa casa", livrou-se das crenças sobre merecimento ou sobre como pagaria por ela. Simplesmente as reconheceu e deixou para lá. Agora está no estágio em que visualiza que tem a casa. Vê-se entrando nela, e isso é fantástico.

Sinta o resultado final. Isso é muito importante para nevilizar seu objetivo. O importante é o resultado final. Não é como você o atrai; você só imagina que já o atraiu. Aprecie-o por um momento. Depois, apenas respire e deixe isso para lá.

Você respira e deixa isso para lá, porque o quinto passo é deixar para lá enquanto realiza uma ação inspirada. Nas próximas horas, nos próximos minutos ou nos próximos dias, você notará que obterá ideias e sugestões para fazer algo. Elas virão de dentro de você. Você receberá aquelas cutucadas. Aja de acordo com elas, porque estão vindo de sua parte maior, aquela que vê o universo.

Sua mente consciente, seu ego, só pode espreitar através de um pequeno orifício em uma janela. A experiência real de viver no universo é muito mais apropriada para sua mente inconsciente. A intuição vem de seu inconsciente. Pode vir do *inconsciente coletivo,* para usar um termo de Carl Jung, e emergir da mente inconsciente para a consciente.

Independentemente de isso fazer sentido para você, apenas entenda que receberá impulsos, cutucadas intuitivas para fazer algo. Eu o desafio a fazer, porque, quando o fizer, irá na direção de criar ou atrair o que deseja que se manifeste. É simples assim. Funciona assim. E é muito profundo.

Expanda seu pensamento

Agora, desejo desafiá-lo. Já disse que quero que ouse algo que valha a pena. Bem, agora quero que pense em algo grande. Realmente lhe pedi, um pouco antes, para escolher algo pequeno com o qual realizar o processo desses cinco passos. Agora quero que expanda seu pensamento. Quero que comece a nutrir a ideia de que os milagres realmente são possíveis, e me deixe provar-lhe.

Além do incurável

Meir Schneider nasceu cego. Tem um atestado de cegueira que pode lhe mostrar. Não apenas isso, pode lê-lo para você. *Ele pode lê-lo para você.* Agora dirige um carro na Califórnia. Tem uma escola em que ensinou a centenas, se não milhares de pessoas, a ver de novo.

Ele tem melhorado a visão de pessoas com deficiências visuais e pessoas que eram cegas. No caso de Meir, quando os médicos olham para seus olhos e examinam seu cristalino, dizem que é impossível ele ver e que ele não tem estrutura ocular para conseguir focalizar nada.

Meir vê. Eu o entrevistei. Coloquei-o na capa da revista *East/West Journal*, em 1984 ou 1985. Ele ainda está na ativa. Ainda ensina pessoas. Ainda dirige. Ainda lê. Ainda inspira pessoas.

Bem, dizem que a cegueira é incurável. E quanto à história de Meir? E quanto ao autismo? As pessoas dizem que o autismo não tem cura. Há exceções. Mas durante muito tempo as pessoas acharam que, se você tivesse um filho autista, não poderia fazer nada a respeito.

Veja o exemplo de Barry e Suzi Kaufman. Muito tempo atrás, um de seus filhos nasceu autista. Eles não aceitaram o que a comunidade médica disse, porque foi: "Vocês não podem trabalhar com essa criança", "Vocês têm outros filhos; concentrem-se neles" "Lamento vocês terem um filho autista". Os Kaufman não aceitaram. Eles acreditam em milagres. Acreditam no amor. Praticaram a autoaceitação total. Praticaram o amor com seu pequeno filho, Ron. Fizeram isso durante sete anos. Ron não é mais autista. É um adulto plenamente desenvolvido. Formou-se em uma grande universidade. Não tem sinais de autismo e hoje dirige uma corporação. Bem, eu achava que o autismo era incurável?

"Impossível" é apenas uma palavra

Estou lhe mostrando que as pessoas com mentalidade de vítima acreditam que aquilo que os outros disseram ser impossível realmente é. Quando você abandona essa mentalidade e começa a se sentir mais poderoso, percebe que "impossível" poderia ser apenas um termo vago e que, se testar esses limites, talvez consiga fazer coisas que, aos olhos dos outros, são impossíveis.

Cure a cegueira; cure o autismo; cure qualquer coisa. Preencha as lacunas. Eu lhe lanço esse desafio. Desafio-o a pensar em algo grande. Você poderia resistir um pouco porque tem que usar o terceiro passo, que é "purificar". A resistência significa que suas crenças dizem "Hum, não sei se isso é possível. Não sei se serei bem-sucedido. Não sei se tenho recursos financeiros para tanto. Não sei se isso é possível no mundo da física." Tudo isso são crenças, e elas podem ser purificadas.

Como "purificar"

Como purificar as crenças? Essa é uma parte importante do filme *O segredo*, de todo o movimento da Lei da Atração e do meu próprio livro, *Criando riqueza e prosperidade – O fator de atração*. É a ideia de que você deve purificar. Quando você purifica, pode obter resultados. Mas como purificar?

Concentre-se na gratidão

Há algumas coisas que gosto de fazer. Uma delas é me concentrar na gratidão. Pode parecer um pouco estranho, e sei que quando ouvi pela primeira vez, vinte e poucos anos atrás, pensei: "Sim, serei grato quando tiver algo pelo que ser." Mas não é assim que funciona. Na verdade, você tem que olhar para o que tem *neste momento* e perceber que, não importa onde esteja e o que tenha, realmente é bastante rico.

Certa vez dei uma palestra chamada "The AAA Plan to Wealth". O primeiro A significava *Already* [Já]. Você *já* é rico. Fiz as pessoas pararem, examinarem suas vidas e perceberem que tinham algum tipo de transporte, alimento, segurança e um teto sobre suas cabeças. Provavelmente tinham uma renda. Talvez fosse seguro-desemprego, mas tinham alguma coisa. Se se comparassem com pessoas de países do Terceiro Mundo, ou com pessoas que foram reis e rainhas em tempos passados, realmente estavam se saindo muito bem.

Portanto, você é rico neste momento. Realmente está se saindo muito melhor do que imagina. O que está fazendo é lutar por *mais*. E este programa o ajudará a consegui-lo. Mas um dos modos de atrair mais para sua vida é ser grato pelo que tem agora.

Quando ouvi isso pela primeira vez, custei muito a acreditar. Talvez como você. Lembro-me de ter pegado um lápis e pensado: "Bem, vou experimentar essa coisa de gratidão." Peguei um lápis e pensei (um pouco petulantemente): "Por outro lado, acho que, com este lápis, que contém grafite, posso escrever qualquer coisa, de uma lista de supermercado a um bilhete suicida, um grande romance, uma peça de teatro ou uma carta de amor." E também pensei: "Essa realmente é uma ótima invenção, sabia? Posso ser criativo com este pedaço de grafite." Então, olhei para a outra extremidade do lápis e pensei, "Como esse pequeno pedaço de borracha é útil!", porque eu podia apagar o que escrevia e não gostava.

Ao olhar para aquele lápis, e talvez você pudesse ter percebido em minha voz, comecei a me sentir realmente grato por ele. Comecei a pensar que, de fato, o lápis era como uma varinha de condão. Eu podia escrever intenções, queixas, cartas de amor e bilhetes suicidas. Quero dizer, podia escrever qualquer coisa com aquele objeto e depois apagar, se quisesse.

Bem, sentir-me grato por aquele lápis abriu meu coração apenas um pouco para permitir que o amor do universo entrasse. Isso tem a ver com o princípio do qual falei antes: você obtém mais daquilo em que se concentra.

Quando comecei a me concentrar na gratidão, comecei a atrair para minha vida mais coisas e experiências pelas quais ser grato. Isso se tornou muito mágico e tranquilo, porque tudo o que eu fazia era parar, olhar ao redor e dizer: "Pelo que sou grato neste momento?" Poderia ser pela pessoa com quem estava conversando; pelo que havia acabado de comer; pelo fato de poder respirar, estar vivo e ter tudo funcionando em meu corpo. Quando me sentia grato por essas coisas, afastava qualquer negatividade de dentro de mim. Isso me trazia para aquele momento e para o espírito de felicidade, fazendo-me perceber que *agora* é realmente muito bom. E quando percebi por mim mesmo que agora é realmente bom e perfeito, tornei-me capaz de atrair mais do mesmo, ou até melhor. Uma de minhas técnicas de purificação favoritas é simplesmente sentir gratidão.

A história de Kirk

Deixe-me contar-lhe uma pequena história sobre Kirk. Ele deve estar agora com nove anos. Kirk teve um acidente vascular cerebral (AVC) aos seis meses de vida. Muita gente mais velha tem AVCs. Eu não sabia que bebês também podiam ter. Mas Kirk teve um, o que foi devastador para sua família. Soube disso por um amigo comum, e desejei ajudar.

Dei muito dinheiro à família de Kirk, e a mãe dele me envia fotos do garoto. Sempre que recebo uma, Kirk está sorrindo. Quando vejo aquele sorriso, fico radiante e penso "Ah, a vida realmente é maravilhosa". A mãe de Kirk escreve e me diz que ele não é nem um pouco infeliz com sua situação. As pessoas que estão infelizes são as que olham para ele e imaginam como isso é. Mas Kirk, em seu próprio corpo e sua própria mente, de fato é um pequeno Buda. De fato, está em paz. Ele é grato. Grato por estar vivo.

Então, olho para o pequeno Kirk e começo a sentir gratidão. Começo a sentir que é nisso que se resume tudo. Em aceitar quem você é, onde está, ao mesmo tempo ainda tentando fazer diferença. Se não consegue andar, você está tentando. Se teve um AVC, está tentando se recuperar, como o pequeno Kirk está fazendo. E ele faz isso com alegria. Com um espírito de gratidão, que diz: "Estou feliz por estar vivo." Isso me lembra de ser grato pelo que tenho. E estou lembrando você de ser grato pelo que tem.

Uma pista para seus milhões

Isso é um dos maiores atratores e uma das técnicas de purificação mais poderosas que você pode imaginar. Se está sentindo que não pode ser grato neste momento, e tem muitos pensamentos negativos ou muitas queixas em sua mente, sabe de uma coisa? Na verdade, isso é bom.

Estive no programa de Donny Deutsch, *The Big Idea*, exibido pela rede de televisão norte-americana CNBC. Foi um dos grandes momentos da minha vida. Estou feliz por ter atraído essa experiência e acho que Donny está fazendo um ótimo trabalho. Mas, se você assiste ao programa dele, ouve-o dizer repetidamente que sua riqueza, seu ouro, sua independência financeira – no caso dele em particular – está naquilo de que você se queixa.

Donny fala para você olhar ao redor quando diz algo, como "Puxa, eu gostaria que consertassem isso", "Eu gostaria que alguém fizesse algo em relação a isso" ou "Eu gostaria que alguém proporcionasse isso". Ele diz "Ding-ding. Essa é uma pista para seus milhões".

Bem, acontece o mesmo se você está sentado aí neste momento, pensando: "Não posso ser grato. Tenho muitos problemas." De fato, isso é normal. Mas você pode aceitar seus problemas, recebê-los bem e realmente ser grato por eles. Você pode revertê-los no decorrer deste processo. Mas não há nada de errado em pensar e sentir o que quer que esteja pensando e sentindo neste momento.

Torne-se um detetive em busca de crenças

Deixe-me falar sobre uma de minhas outras técnicas de purificação favoritas, que uso o tempo todo. É aquela em que você se torna um detetive em busca de crenças.

É muito importante saber quais são suas crenças, porque elas criam sua realidade. Quando você tenta atrair algo para sua vida e sente que não está conseguindo, é porque tem uma intenção conflitante inconsciente. E precisa descobrir qual é.

Para tornar isso perfeitamente claro para você, deixe-me lhe dizer o seguinte: em 1° de janeiro, a maioria das pessoas estabelece metas para sua vida. Elas podem dizer algo, como "Quero emagrecer", "Quero parar de fumar", "Quero começar a me exercitar três vezes por semana", ou seja lá o que for. Mas o que acontece no dia ou na semana seguinte? Elas se esquecem de todas as suas intenções.

Isso é muito importante, porque você pode pensar: "Bem, se as intenções governam o planeta, por que quando eu tenho uma intenção em 1° de janeiro e realmente desejo atingir minha meta, não consigo?"

A maioria das pessoas tem intenções muito boas e saudáveis. Elas não dizem, por exemplo, "Vou começar a usar heroína amanhã".

Em vez disso, dizem "Vou procurar um emprego", "Vou abrir um negócio" ou qualquer outra coisa positiva. Não fazem o que dizem devido às intenções conflitantes. Elas têm uma intenção conflitante mais forte que se sobrepõe à resolução consciente.

Mais uma vez, como purificá-la? Tornando-se um detetive em busca de crenças. Eis como funciona: sua crença se manifesta. E se manifesta porque se apresenta em sua mente, em sua conversa e em afirmações como "Isso sempre acontece comigo", "Nunca terei dinheiro suficiente", "É assim que estou destinado a ser", "Os homens são sempre assim", "As mulheres são sempre assim". Há uma crença aí e, quando você a ouve, deve questioná-la. Perguntar: "Eu acredito nisso?"

Se você tem a crença "nunca tenho dinheiro suficiente", tudo bem, isso é uma crença. Pare e se pergunte: "Eu acredito que nunca tenho dinheiro suficiente?" E poderia se ver dizendo: "Não, eu não acredito nisso." Se esse for o caso, deixe para lá. Provavelmente essa não é uma crença ativa. Mas se você diz "Sim, eu acredito que nunca tenho dinheiro suficiente", sua próxima pergunta é: "Por que eu acredito nisso?"

O que você está tentando descobrir é sua própria evidência para essa crença. Ao continuar com esse processo de questionamento e aprofundá-lo um pouco, descobrirá a evidência principal. Ela poderia provir de seus pais. De sua mãe e seu pai em um momento em que tiveram salários menores do que esperavam, ou quando não puderam pagar suas contas na mercearia. Nesse momento, podem ter dito algo como "Nunca há dinheiro suficiente". Você ouviu e assimilou sem questionar, porque na época não tinha consciência para isso. Agora tem.

Questione tudo

Ao questionar suas crenças para chegar à evidência principal, você terá uma grande sensação de liberdade; se sentirá com mais poder porque tem escolha. Nesse momento, poderá dizer "Quero continuar a acreditar nisso" ou "Essa crença não me serve e a substituirei por outra, ou simplesmente a deixarei para lá".

Esse é o poder do processo de questionamento. Eu o aconselho a fazer isso amorosa e gentilmente. Não raivosamente. Não com frustração. Apenas se divirta. Finja que é Sherlock Holmes e está numa "caça às crenças". Simplesmente se pergunte: "No que acredito sobre dinheiro?", "No que acredito sobre relacionamentos?", "No que acredito sobre saúde?" e aceite o que quer que surja. Não há certo ou errado. Só há crenças.

Seja o que for que surgir, observe e, se quiser, anote. Depois questione: "Eu acredito nisso?" Se você acreditar, tudo bem. Pode dizer: "Por que acredito nisso?" Aceite o que quer que surja. Quando surgir, pergunte-se: "Eu acredito nessa evidência?" Se a resposta for não, provavelmente o assunto está encerrado. Se for sim, você pode perguntar: "Por que eu acredito nessa evidência? Por que quero continuar a ter essa crença?"

Algo mais surgirá. Você pode questioná-lo. Em outras palavras, apenas aprofunde e se divirta. É muito fortalecedor fazer isso por escrito. Você sempre pode lê-lo em voz alta. Criei o programa *Miracles Coaching*; treinei instrutores para fazer isso com pessoas que querem abrir caminho em suas próprias vidas.

Você pode fazer isso sozinho. Pode fazê-lo agora; fazê-lo com papel e caneta; fazê-lo em voz alta, sentado debaixo de uma árvore em algum lugar. Quando o fizer, ficará livre para mudar a realidade.

"Isso realmente é verdade?"

Deixe-me lhe contar uma breve história. Durante muito tempo, enfrentei dificuldades financeiras. Como já mencionei (provavelmente muitas vezes), fui sem-teto e lutei contra a pobreza durante um longo tempo. Tinha problemas com dinheiro. Quando ficou claro que o dinheiro realmente é bom, que posso fazer diferença em minha vida, na vida da minha família e no mundo (se assim o decidir) com o dinheiro que ganho, comecei a atrair mais dinheiro.

A maioria das pessoas acredita que, quanto mais gasta, menos dinheiro tem. Eu também acreditava nisso, até questioná-lo. *Eu o questionei.* Quantas pessoas param e questionam uma crença, como "Quanto mais dinheiro eu gasto, menos dinheiro tenho?" Isso parece óbvio, parece a realidade. A maioria dos contadores concordaria com essa afirmação. Mas eu a questionei e pensei: "Isso realmente é verdade?"

Se estou vivendo em um estado de consciência de mais poder, percebo que sou cocriador da minha realidade e que realmente vivemos em um universo criado por crenças. Mas e se eu questionar essa crença? E se eu questionar qualquer crença?

Questionei essa, e percebi que não é necessariamente verdade. Mudei-a para: "Quanto mais dinheiro gasto, mais dinheiro recebo." Agora essa é a minha realidade. Não posso dispor do dinheiro rápido o bastante. "Quanto mais dinheiro gasto, mais dinheiro recebo" é meu modo de ser agora.

Não tenho como explicar de nenhum modo lógico, não melhor do que estou fazendo agora, porque tudo acontece nessa conexão inconsciente com um universo mágico. Quando gasto dinheiro no que quero, ele não tem fim. Como já mencionei, dei dinheiro para a mãe de Kirk. Dei dinheiro para causas em que acredito; lancei minhas próprias causas; comprei objetos de desejo e carros para mim. Tenho feito todos os tipos de coisas maravilhosas para pessoas maravilhosas, inclusive eu. E quando as faço, o dinheiro continua a vir. Por quê? Qual é a diferença entre a minha vida atual e a anterior? A diferença é que mudei minha crença ativa. Por outro lado, "quanto mais dinheiro gasto, menos dinheiro tenho" parecia uma crença natural até eu questioná-la. Agora tenho outra: "Quanto mais dinheiro gasto, mais dinheiro recebo." Gosto muito mais dessa.

Pelo que você é grato?

Bem, estávamos justamente falando sobre receber, por isso é hora de você fazer uma lista de gratidão.

Isso é algo que você pode fazer no papel ou mentalmente. Gostaria que começasse com uma lista curta. Olhe ao redor e apenas se pergunte: "Pelo que sou grato?"

Poderia ser pelo fato de estar respirando. E, ao pensar nisso, respire profundamente. Prenda a respiração por um segundo e depois a solte. Sinta como isso é bom. Você pode se sentir grato pelo fato de que está respirando. Está vivo neste momento maravilhoso, lendo este material maravilhoso, relaxando com minhas palavras enquanto faz um inventário de sua vida.

Mentalmente ou fisicamente (se você estiver em sua escrivaninha), faça uma lista de tudo pelo que é grato. Poderia ser por suas mãos, suas pernas, seu rosto, seus cabelos. Por todas as pessoas em sua vida, seu emprego. Por seu carro, sua casa, seus vizinhos. Por sua cidade, seu estado, seu país. Por algo pequeno como um lápis.

Apenas faça uma lista curta (ou longa) de todas as coisas pelas quais você é grato. Mais uma vez, você está fazendo isso mentalmente.

Sentir é o que importa

Sinta. Sentir é o que realmente importa. Quando você fizer essa lista, note pelo que é grato. Quase todas as noites tomo um banho quente de banheira. Quando estou nesse banho, reflito sobre minha vida e faço mentalmente uma lista de tudo pelo que sou grato. E quando realmente começo a entrar no espírito de profunda gratidão, quase choro, porque sou profundamente grato pelo que está acontecendo em minha vida. Convido você a fazer o mesmo. Olhe ao redor e diga: "Eu poderia querer que as coisas fossem diferentes. Quero mais de certas coisas em minha vida, mas a verdade é que, neste momento, tudo está bem. Neste momento, tenho abundância. Neste momento, tenho uma longa lista de coisas pelas quais ser grato." Mentalmente, dê boas-vindas a essa lista e, fisicamente, anote-a na primeira chance que tiver. Isso é muito poderoso.

Você atrai mais daquilo pelo que é grato

Como já disse, você obtém mais daquilo em que se concentra. Quando se concentrar na gratidão, atrairá mais pelo que ser grato. Isso é uma regra primária na psicologia. É um fato, uma realidade. E será sua realidade quando você se concentrar naquilo pelo que é grato.

Você pode olhar para seu corpo e nele provavelmente há algumas partes que realmente adora. Talvez sejam suas coxas, seus braços, suas pernas, seu rosto. Há *algo* aí, talvez seus olhos. Talvez a cor dos seus cabelos. Seja o que for, concentre-se no que você adora em seu corpo. Apenas faça um inventário mental e, mais tarde, poderá anotá-lo.

Então, olhe para sua casa. Independentemente de onde você está, há coisas pelas quais é grato. Poderia ser por uma cadeira confortável ou um sofá. Seu aparelho de DVD. Suas janelas. O modo como a casa dá para a rua. Há algo aí que você realmente adora – provavelmente uma área da casa pela qual de fato é grato. Talvez esteja nela agora.

Olhe para sua família. Você tem amigos. Vizinhos. Tem uma família. Olhe para seus pais. Olhe para os aspectos de todas essas pessoas e categorias, e se concentre no que adora nelas. Concentre-se naquilo pelo que é grato. Mais uma vez, sinta isso. *Sinta* essa gratidão.

Pense em experiências passadas. Talvez você possa evocar algo que foi realmente maravilhoso em sua vida, algo que adora lembrar. Talvez tenha sido algo que o fez rir. Um momento em que sentiu gratidão ou um amor profundo. Uma experiência que partilhou com amigos e adora recordar. Quando se concentrar nisso, note os sentimentos de gratidão: simplesmente os deixe crescer dentro de você; respire para dentro deles; aprecie-os.

Observe seu trabalho. Provavelmente há aspectos dele que você adora. Talvez seja o tipo de trabalho que faz. Talvez seja onde está trabalhando. Talvez seja seu salário, ou seus benefícios. Há algo em seu trabalho pelo qual você realmente é grato. Olhe ao redor. Talvez haja oportunidades de negócios pelas quais você é grato. Talvez haja uma que você não aproveitou, mas que o empolgou. Talvez haja uma que você aproveitou com sucesso, e por isso se sinta muito grato.

Examine a área de viagens e recreação. Talvez você tenha tirado férias. Talvez queira tirá-las. Note como se sente quando começa a ser grato pela viagem que fez, pelas férias que tirou, pela diversão que teve. Talvez haja passatempos. Talvez você tenha certos passatempos que são realmente bons e aos quais adora se dedicar. Ou talvez fique muito relaxado quando se dedica a eles.

Seja qual for o caso, apenas faça seu inventário. Esta é uma lista de momentos de gratidão. Uma lista que você pode consultar repetidamente. Ela é como uma pedra de toque para sua vida. Quando pensar nas coisas pelas quais é grato, isso fará surgir mais experiências. Magnetizará outras experiências que surjam em sua consciência. Quando elas surgirem, note-as, agradeça-lhes por surgirem e, quando puder, anote-as em seu diário. Mais uma vez, seja grato por tudo isso. Seja grato por este momento. Seja grato pelo próprio exercício de gratidão.

Todos nós somos perfeitos. Estou feliz por você estar tendo esse sentimento de gratidão, porque isso é ótimo. É um ponto de partida para fazer algo grande. Agora lhe pedirei para fechar os olhos. Quando estiver confortável e seguro, faça o exercício a seguir e não se esqueça de anotar o que acontecer. Vá em frente, sintonize-se... e relaxe.

Meditação: torne sua vida maior

Mais cedo neste capítulo, eu lhe pedi para fazer algo que valesse a pena. Então, lhe falei sobre Meir Schneider, que superou a cegueira. E sobre Barry Kaufman e a esposa, que superaram o autismo de seu filho. Quero que você ouse algo que valha a pena. Quero que pense em algo grande.

Agora você está no estágio de aumento de poder e quero que pense grande como nunca pensou. Quero que ouse algo que valha a pena.

Quero que pense em sua vida e imagine o que faria se não pudesse fracassar. O que faria se não tivesse medo? O que faria se pudesse fazer qualquer coisa? O que faria?

Para os fins desta meditação, apenas escolha alguma coisa. Algo grande e realmente corajoso. Algo excitante e ousado. Agora quero que imagine como seria alcançá-lo. Por enquanto, não se preocupe com *como* alcançá-lo. Você não precisa saber isso. Vá para o resultado final. Você o fez. Você o manifestou. Você o atraiu. De algum modo, isso agora faz parte da sua experiência.

Como você se sente? O que sente em seu corpo? Sente um frêmito de excitação? Sua respiração está um pouco acelerada porque você está excitado com isso? Você está sorrindo? Está partilhando isso com alguém? Como sente isso em todo o seu corpo? O que você sente? Se pudesse estender a mão e tocar em algo, qual seria essa sensação? Você tocou no resultado final? Como é vivenciá-lo? Usá-lo? Estar com ele?

Por um momento, apenas desfrute de toda essa maravilhosa sensação física. Você alcançou algo que outras pessoas poderiam achar impossível. Fez algo grande. Ousou algo que valesse a pena.

Entre no resultado final. Você chegou lá. Já o alcançou. A sensação é maravilhosa. Você mal pode esperar para partilhá-la com os outros. Mal pode esperar para falar sobre isso. Mal pode esperar para escrever sobre isso. Provavelmente vai escrever todo um ensaio sobre como é experimentar a manifestação desse grande objetivo ou dessa sua intenção.

Apenas por um momento, simplesmente preste atenção e aprecie a experiência maravilhosa de ter manifestado algo realmente grande em sua vida.

Parabéns. Você conseguiu.

4

Terceiro Estágio

Rendição

"Sinto muito. Por favor, me perdoe. Obrigado. Eu te amo."

Não importa em que ordem você diga essas frases. A ideia é dizê-las. Siga sua inspiração e as diga dentro de si mesmo na ordem que achar melhor. Deixe seus sentimentos serem seu guia. No último evento Limite zero, *o dr. Hew Len reduziu as quatro frases a apenas duas: "Eu te amo" e "Obrigado".*

– Joe Vitale

Bem-vindo ao Terceiro Estágio em *O curso do despertar*, sobre rendição.

Mas isso é impossível: a história do *Ho'oponopono*

O que geralmente acontece ao longo do caminho e ajuda você a despertar para cada um desses estágios, é algo como uma história. Aconteceu comigo, vários anos atrás. Um amigo me contou uma história, mas a princípio não acreditei. Era sobre um terapeuta que trabalhou num hospital psiquiátrico para criminosos. Ele disse que esse terapeuta de algum modo usou uma técnica de cura havaiana e ajudou a curar todos aqueles pacientes internados. O incrível era que nem mesmo havia visto nenhum deles.

Pensei: "Isso é impossível." Já ouvira falar em magia e milagres, em cura remota ou a distância, Reiki e energia. Simplesmente não achava que aquilo fosse possível. Então deixei de pensar no assunto, o que mostra a mente aberta que eu tinha no passado. Mas, um ano depois, ouvi a mesma história. O amigo que a havia contado perguntou:

– Você já checou isso? Já tentou encontrar o terapeuta que curou todos aqueles criminosos com problemas mentais?

Respondi:

– Não. Deixei de pensar nisso.

– Vamos entrar on-line agora. – ele disse. Tínhamos um laptop. Conectamos e começamos a procurar. Achamos muito difícil encontrar informações, pelo menos naquela época. Continuamos a procurar e encontramos um nome.

Não fiz nada na ocasião, mas alguns dias depois, de volta a meu próprio computador, no conforto do meu lar, comecei a pensar naquele terapeuta e em seu método. Seria realmente verdade aquela história? Tornei-me um detetive e comecei a investigar. Minha curiosidade foi além do esperado. Pensei: "Se isso é verdade, tenho que contar às pessoas, porque sugere um milagre e um processo de cura que todos precisam conhecer." Fiquei muito empolgado.

Fiz algumas pesquisas e descobri que sim, havia um terapeuta que trabalhava no Hawaii State Hospital para doentes mentais. Supostamente, ele trabalhara ali por quatro anos. Supostamente, nos primeiros dois anos, usando esse método, ajudara a curar a maioria dos pacientes internados, e eles começaram a ser liberados.

Fiquei ainda mais ansioso ao descobrir essa informação. Queria saber: "Quem é esse homem e onde ele está?" Continuei a pesquisar até que o encontrei. Você pode imaginar o quanto fiquei animado. Parecia um garotinho. Ficava feliz só em pensar: "Encontrei o terapeuta, esse homem místico, esse xamã."

Eu o encontrei e lhe enviei um e-mail. Não encontrei seu número de telefone, mas encontrei um endereço de e-mail e lhe enviei uma mensagem. Ele foi muito gentil. Disse que poderíamos falar pelo telefone, por isso marcamos uma hora, por e-mail, para conversar. Eu lhe telefonei e ele foi muito receptivo e generoso. Passou 45 minutos ao telefone comigo. Não me conhecia. Não sabia nada sobre mim e respondeu a todas as minhas perguntas.

– Aquilo foi verdade? Você trabalhou para o hospital de doentes mentais? – perguntei.

– Sim – ele respondeu.

– Usou algum tipo de método para curá-los? – perguntei.

– Sim.

– O que aconteceu? O que você fez? Qual foi o método? – Eu tinha todas essas perguntas.

Ele fez uma afirmação desconcertante:

– Tudo o que fiz foi me purificar.

Pensei: "O que isso significa?"

– Trabalhei naquele hospital, mas não atendi os pacientes profissionalmente. Concordei em ir lá, mas quis olhar para suas fichas, não para eles – ele respondeu.

Ao olhar suas fichas, ele teve sentimentos. Sentiu raiva. Sentiu frustração. Sentiu náusea porque aqueles pacientes haviam cometido crimes violentos. Eram assassinos. Estupradores. Casos tristes.

Ele olhou e percebeu tudo o que sentiu. Depois levou aqueles sentimentos na direção do céu, para o que chamava de "Divino". Algumas pessoas chamariam de "Deus", "Vida" ou "Gaia". Ele o chamava "Divino".

Ele disse:

– Elevava meu sentimento para o Divino, dizendo "Por favor, me perdoe. Sinto muito. Obrigado. Eu te amo."

Aquilo não fez nenhum sentido para mim. Fui muito gentil com ele, estava curioso a seu respeito, mas pensava: "Bem, acho isso um pouco estranho. Não faz sentido da maneira como entendo que a realidade funciona."

Continuei a investigar.

– Conte-me mais. Conte-me mais sobre o hospital e o que você fazia.

Mais uma vez, ele foi muito gentil e generoso. Disse que o hospital era um lugar horrível. A maioria dos pacientes tinha de ser imobilizada ou sedada. Na época em que esteve lá, os médicos pediam demissão depois de trinta dias. As enfermeiras, depois de uma ou duas semanas. A rotatividade era enorme, porque o hospital era o inferno na Terra. As pessoas andavam pelos corredores com as costas encostadas à parede porque temiam ser atacadas. As coisas eram ruins a esse ponto.

Ele concordou em ir até lá se pudesse usar seu próprio método de cura.

Novamente, eu lhe perguntei:

– Qual é seu método de cura?

Ele contou que era uma técnica havaiana chamada "*Ho'oponopono* da Identidade Própria". É claro que não consegui repetir a palavra. Não consegui pronunciá-la. Não sabia do que ele estava falando.

– Ah, é o *Ho'oponopono* da Identidade Própria – repetiu.

Bem, fiz o que pude para continuar com ele, que prosseguiu:

– Você já ouviu a afirmação de que cria sua própria realidade?

Pensei comigo mesmo: "Sim, é claro. Está no Segundo Estágio." Quando seu poder aumenta, você sabe que cria sua própria realidade. Isso é parte de estar no Segundo Estágio.

Ele continuou:

– Bem, se você cria sua própria realidade e um paciente com doença mental surge em sua experiência, você não criou essa pessoa também?

Tive que parar. Tive que respirar profundamente. *Ah, meu Deus.* Isso é um salto quântico na compreensão da natureza da responsabilidade pessoal. – Se todas aquelas pessoas surgiram na minha vida, então de alguma forma ou maneira eu ajudei a criá-las. Ajudei a criá-las. Isso é algo grande, até mesmo agora, quando penso a respeito – ele estava falando.

Ele prosseguiu dizendo que de algum modo aceitava que criara aquela pessoa em sua vida. Não a criara *per se*, mas criara a experiência de ela estar em sua vida. Levava seu sentimento para o Divino – e, olhando para aquelas fichas, sentia raiva, frustração, irritação ou o que quer fosse. Levava o sentimento, *aquele* sentimento.

Isso é importante. Ele levava aquele sentimento para o Divino, como se estivesse fazendo uma prece. Um pedido.

– Sinto muito. Não tenho a menor ideia do que em mim cocriou essa pessoa, mas aceito que ela esteja em minha vida. Por favor, me perdoe por tudo o que fiz em minha vida, meu passado e meu presente. Não tenho consciência do que fiz, mas por favor, me perdoe por isso – dizia para o Divino.

Então, continuava:

– Obrigado. Obrigado por cuidar disso. Obrigado por purificar e obrigado por cuidar de toda essa situação. – E terminava dizendo: – Eu te amo. – Como descobri, essas eram as três palavras mais poderosas que você podia dizer. Ele dizia "eu te amo" não para si mesmo, não para a pessoa em que estava pensando, não para o seu fichário, mas para o Divino. Para Deus. Dizia "eu te amo" e, fazendo isso, entrava em um estado de rendição.

Não temos tanto controle quanto pensamos

A rendição é típica do Terceiro Estágio. Descobri com esse terapeuta que não temos tanto controle quanto imaginamos. Seu nome é dr. Ihaleakala Hew Len. Desde então ele se tornou meu amigo. Fiz muitos workshops com ele. Agora começamos a fazer workshops juntos. Fomos coautores de um livro, *Limite zero*, que conta toda a história de seus anos na área de saúde mental, como ele ajudou aquelas pessoas e como, usando especificamente a técnica de cura e purificação Ho'oponopono, em alguns meses aqueles pacientes não precisaram mais ser imobilizados e sedados. Alguns foram liberados. Uns dois anos depois, quase todos tinham sido liberados.

Essa é uma história milagrosa, surpreendente e reveladora. Eu a ouvi em minha vida. Fico muito feliz em saber que sou a pessoa que a contou a você em meus livros.

Abandono da consciência do ego

No Terceiro Estágio, você se rende. Mas por que se rende? Como se rende? Ao que se rende? É muito importante entender – e aprendi isso em meu tempo com o dr. Hew Len – que a maioria de nós é movido pelo ego, especialmente no primeiro estágio, quando somos vítimas. Nesse ponto, tudo o que temos é a consciência do ego. Somos magoados, amedrontados e feridos o tempo todo. Nesse ponto, nosso ego está em alerta vermelho.

Até mesmo no Segundo Estágio, quando temos mais poder, nosso ego ainda está envolvido. Muitas de nossas intenções e das coisas que dizemos são extensões do nosso ego. Não vêm do coração. Não vêm do Divino. Não em sua maioria, mas há exceções.

No Terceiro Estágio, tive que aprender a me render a tudo isso. Quando você se rende, deixa de ser vítima. Entra em um estado mais poderoso de "cocriação com o Divino", que vai além do esperado. É aí que a magia e os milagres realmente ocorrem.

As quatro frases

Vamos dissecar isso um pouco. O dr. Hew Len me contou que diz estas quatro frases: "Sinto muito. Por favor, me perdoe. Obrigado. Eu te amo." Aprendi que você pode dizê-las em qualquer ordem. Depois aprendi que dizê-las silenciosamente para o Divino – com a compreensão de que você está conectado com o Divino – é o melhor modo de fazer isso. Também sei que você pode mudar as frases. Algumas pessoas não se sentem confortáveis dizendo "Sinto muito". Você pode dizer "Peço desculpas". Uma nova frase que aprendi recentemente é: "Sou grato." Você pode usar todas essas frases. Pode combiná-las para se sentir fortalecido ou, como no meu caso, apenas dizer "Eu te amo".

Descobri que se você apenas disser "eu te amo" para o Divino, não importa o que aconteça em sua vida, mudará seu relacionamento com o que está acontecendo. "Eu te amo" provavelmente é a frase mais poderosa, o mantra mais eficaz que você pode pronunciar. Frequentemente pergunto em algumas de minhas palestras: "Você pode imaginar como seria o mundo se todos andassem por aí dizendo em seu íntimo 'Eu te amo'?"

Que monólogo interior diferente criaríamos, e que vibração diferente geraríamos no mundo! Todos nós andando por aí... De fato, eu o desafio a começar a fazer isso agora. Enquanto dirige seu carro, enquanto presta atenção, enquanto segue com seu dia, apenas diga mentalmente *eu te amo.* Haverá um pouco mais de brilho em seus olhos. Sua energia aumentará um pouco e as pessoas o olharão se perguntando o que você está pensando. Você não precisa lhes dizer que está pensando *eu te amo*, mas mudará tudo ao seu redor ao pensar isso.

Com o dr. Hew Len, aprendi que o ego não tem a menor ideia do que está acontecendo. Se tentar dirigir sua vida com seu ego, cairá em muitos buracos. Baterá em muitos muros. Sofrerá acidentes. Terá problemas. Por quê? Porque o ego só pode ver uma pequena parte do mundo. Como eu já disse, o ego só pode espreitar através de um pequeno orifício. O universo, o Divino e até mesmo sua mente inconsciente podem ver o quadro geral.

Intenção do ego ou intenção Divina?

É por isso que eu digo às pessoas que não há nada de errado nas intenções. Escrevi sobre elas em meu livro *Criando riqueza e prosperidade – O fator de atração*. Falei sobre intenções mais cedo neste livro. Elas são boas, mas há uma diferença entre uma intenção do ego e uma intenção Divina. Por exemplo, disse que gosto de carros. Tenho uma pequena coleção deles. Isso é ótimo, mas se eu quisesse ter a maior coleção de carros do mundo, uma tão grande que Jay Leno, colecionador de automóveis, a desejaria ou invejaria, isso estaria vindo do ego.

Se eu apenas permitir que minhas metas ou intenções venham à tona... por exemplo, atraí um dos meus carros sendo exortado, intuitivamente, a checar o eBay um dia. Lá, a ser fechado dali a duas horas, havia o leilão de um Panoz Roadster 1998, pertencente a Steven Tyler, do Aerosmith. Pensei comigo mesmo: *Por que será que me deparei com isso?* Eu não tinha essa intenção. Meu ego não pediu. Isso não constava da minha lista de coisas a fazer. Tampouco constava da minha lista de objetivos, mas lá estava eu, olhando. Não pude evitar sentir que algo dentro de mim me empurrava naquela direção.

Dei um pequeno lance. Para a minha surpresa, foi o vencedor. Agora tenho um carro de corrida que pertenceu a uma celebridade. Como descobri depois, o carro é muito raro, vale muito dinheiro e, por ter sido assinado por Steven Tyler, vale ainda mais do que valeria se Tyler o tivesse apenas dirigido.

Como isso aconteceu? Não veio do meu ego. Veio do Divino, atuando através de mim. Tudo o que fiz foi dizer sim à oportunidade, quando a percebi. Esse é um aspecto da rendição. Foi uma das coisas que aprendi com o dr. Hew Len, que salientou que o ego realmente não tem a menor ideia do que está acontecendo.

Um depósito inconsciente

Em meu livro *Limite zero,* escrevi sobre alguns experimentos de um cientista chamado Benjamin Libet. São os testes mais reveladores que você poderia imaginar. Benjamin Libet descobriu que, quando você decide fazer alguma coisa, na verdade ela já foi ativada em sua mente inconsciente antes de chegar à sua mente consciente.

Em outras palavras, se você estende a mão para pegar um lápis e anotar algo, o impulso de fazer isso não começa em sua mente consciente, mas na mente inconsciente. Você acha que tem livre-arbítrio. Acha que tem controle sobre esse ato. Mas, segundo os repetidos experimentos científicos de Libet, na verdade, a ideia vem de um lugar mais profundo. Vem de sua mente inconsciente.

Eis outro modo de ver: pare e diga a mim (ou a alguém sentado a seu lado) ou escreva qual será seu próximo pensamento. Você não pode fazer isso, porque os pensamentos surgem inesperadamente. Depois que o pensamento surge você pode anotá-lo. Pode me dizer qual foi, mas não pode prever o próximo. Por que não? Porque os pensamentos surgem de sua mente inconsciente.

Sua mente inconsciente é um vasto depósito de memórias, crenças, ilusões, experiências e, na opinião do dr. Hew Len, até mesmo vidas passadas. Ele diz que temos que purificar tudo isso – na verdade, geralmente apenas seguimos o impulso que surge, independentemente se ele parece ser Divino ou egocêntrico. Ele diz que tudo que está aqui para fazer é purificar.

Quando conversei pela primeira vez com o dr. Hew Len pelo telefone, naquele dia decisivo tantos anos atrás, ele falou:

– Tudo o que fiz com os pacientes, tudo o que faço agora e tudo o que estou fazendo com você neste momento pelo telefone, Joe, é *purificar*.

Quando insisti em descobrir o que queria dizer, ele continuou:

– Tudo o que estou fazendo em minha mente é dizendo "Eu te amo. Sinto muito. Por favor, me perdoe. Obrigado. Eu te amo. Sinto muito. Por favor, me perdoe. Obrigado."

Ele fazia isso porque estava tentando ao máximo purificar seu inconsciente, purificá-lo de todas as limitações, todas as crenças, todas as experiências passadas e toda a programação que criava as coisas que estava tendo em sua vida. Aprendi a fazer isso a ponto de torná-lo meu monólogo interior.

Novo monólogo interior

Já falei que o monólogo interior da maioria de nós é muito crítico. Nós nos rebaixamos, nos queixamos disso e daquilo. Bem, meu novo monólogo interior ocorre silenciosamente em meu cérebro: *Eu te amo. Sinto muito. Por favor, me perdoe. Obrigado.*

Estou dizendo isso mentalmente agora, enquanto escrevo para você. Estou purificando a parte interna de mim enquanto falo com você. Por quê? Estou tentando o máximo possível ser um meio de comunicação do Divino com você, sabendo que há muita interferência, sabendo que a personalidade de Joe está aqui, sabendo que Joe tem crenças, limitações e experiências passadas. Tudo aquilo em que, conforme o dr. Hew Len e sua crença havaiana, tenho muita purificação a fazer. Tenho muito o que limpar. Para o dr. Hew Len, isso é tudo o que há – purificação.

Neste ponto, fiz muitos workshops com ele e fizemos workshops juntos. Ainda os fazemos e ainda estou crescendo. Adoro estar com o dr. Hew Len porque ele tem essa vibração tranquila. Só está fazendo o melhor que pode para permanecer no momento, continuar a purificar no momento, para poder fazer o que o Divino lhe pedir que faça no momento.

Você está "no" problema

Muita gente faz repetidamente perguntas muito parecidas: como removo essa pessoa, essa coisa, esse problema da minha vida? A resposta do dr. Hew Len é:

– Já notou que, sempre que há um problema, você está presente? – Você está lá. Está participando do problema. Não pensa que está. Mais uma vez, entrou na mentalidade de vítima.

Em todos esses três primeiros estágios, é muito possível entrar e sair da mentalidade de vítima, ter o poder aumentado, ou se render. Você tem que estar sempre alerta sobre si mesmo e autoconsciente, purificando e limpando. O dr. Hew responderia à pergunta dizendo:

– Já notou que você está sempre presente? Não importa qual seja o problema de que está se queixando, *você* está lá. O único elemento comum que surge sempre que você tem algo de que se queixar é você.

Ele continua:

– Você criou isso. Se acha que criou sua própria realidade, essa é a sua realidade. Você a criou.

Então o que fazer a esse respeito? Ele prossegue:

– Aceite o sentimento. Aceite a queixa. Não guarde isso dentro de você. Não leve isso para outra pessoa, outro prédio, outra empresa ou qualquer que seja o alvo de sua queixa. Leve para o Divino.

Leve para o Divino

Leve para o Divino de um modo reverente. Diga de novo, "Sinto muito. Não tenho a menor ideia do que dentro de mim criou isso, mas está aqui, portanto devo ter participado de algum modo. Por favor, me perdoe. Por favor, me perdoe porque tenho sido inconsciente. Não sei o que fiz para isso acontecer, para criar essa realidade. Obrigado. Obrigado pela minha vida. Obrigado por cuidar disso. Obrigado por me ouvir. Obrigado por ser o Divino e me conceder o milagre de respirar, de estar vivo." E então termine com "Eu te amo".

Acredito firmemente que, se você disser "Eu te amo" com total sinceridade, e realmente sentir que o Divino o está ouvindo, entrará nesse estado de arrebatamento. Entrará nesse estado em que surgem lágrimas em seus olhos e você pensa "Que grande dádiva é estar vivo! Que grande dádiva é estar aqui agora, participando, despertando. Que grande dádiva! Obrigado. Obrigado." Você entrará nesse estado de gratidão e nesse ponto talvez diga "Sou grato". Quando você entra nesse estado de amor, realmente se funde com o Divino. Se há uma palavra para descrever o Divino, é *amor*. O Divino é amor.

Não é sua culpa, mas...

Posso falar para sempre sobre o *Ho'oponopono* da Identidade Própria do dr. Hew Len e sobre a ideia de rendição, mas a única coisa que realmente quero que você entenda é que tem que assumir a responsabilidade por tudo o que acontece em sua vida. Não é sua culpa. Você não está tentando se punir. Meu modo favorito de explicar é: "Não é sua culpa, mas é sua responsabilidade."

Não é sua culpa, mas é sua responsabilidade. O melhor modo de lidar com isso é render-se. Entregar o problema. Apenas o erga para o Divino e diga: "Sinto muito. Por favor, me perdoe. Obrigado. Eu te amo. Sinto muito. Por favor, me perdoe. Obrigado. Eu te amo. Sinto muito. Por favor, me perdoe. Obrigado. Eu te amo."

Cada estágio muda sua percepção e seu modo de jogar

Adoro falar sobre esse estágio em particular, o estágio da rendição, mas quero me certificar de que você entende o que isso é realmente. No Primeiro Estágio, quando você tem vontade de rezar por ajuda, basicamente age com a mentalidade de "*Deus me ajude, Deus me ajude*". De muitos modos, implora por ajuda porque se sente vítima. Sente que o mundo está contra você. Este é um modo de saber em que estágio você está: Como você está rezando? Como está se dirigindo ao Divino, a Deus, ou a qualquer que seja seu conceito do Ser Supremo?

No Segundo Estágio, suas preces podem ser mais ou menos assim: "Posso fazer isso com ou sem você." Você se sente com mais poder, e talvez haja um pouco de ego presente. Você se empertiga um pouco. Se conversar com Deus, talvez diga "Obrigado pelo que tenho", e peça mais coisas. Não se sente tanto uma vítima, mas tenta fazer sua aposta e pede ao Divino para ajudá-lo.

No Terceiro Estágio, sua prece é basicamente de rendição. Você diz: "Não posso lidar com isso sozinho. Não posso resolver isso sozinho. Preciso da sua ajuda." Você não está partindo de uma mentalidade de vítima. Na verdade, está partindo de uma conexão amorosa e sincera com o próprio Divino.

De alguns modos, percebe que o Divino está em você e em todo o mundo, e faz sua prece como um pedido: "Não sei como resolver isso. Preciso da sua ajuda." Não há nenhum desespero em sua prece. Nenhum desespero em sua voz. Esse é um simples e sincero pedido de ajuda. Além disso, no terceiro estágio, sua atitude reverente é de desistir do controle. A rendição tem tudo a ver com isso. Você desiste do controle.

Você não pode controlar tudo

Vamos examinar isso um pouco mais. Por que você desejaria desistir do controle? Devido à ideia de que você não pode controlar tudo. Não pode controlar o universo. Não pode controlar tudo em sua vida. Já tentou e, se for honesto consigo mesmo, verá que não deu certo. Você tem que desistir. Tem que se render, mas não há nada de negativo nisso porque você ainda tem seu ego.

Seu ego estará com você. Na verdade, seu ego é uma ferramenta de sobrevivência. Ajuda-o a prosseguir com seu dia sem esbarrar em muros, de modo a poder entrar pelas portas certas. Ajuda-o a fazer o que é preciso para ter uma vida boa. Contudo, aprendi que o ego e a mente consciente podem fazer pedidos ao universo, com um sentimento de rendição, para você ter uma vida ainda melhor. O problema é que, quando você tenta controlar, está partindo de seu ego, e seu ego não pode ver o quadro geral do universo. Essa é a grande preocupação aqui.

Siga sua paixão

Também quero que você saiba que, quando pede algo, deve prestar atenção a se isso está vindo de seu coração ou da sua cabeça. Foi assim que eu soube que estava realmente fazendo a coisa certa quando dei o lance no carro que havia sido de Steven Tyler – minha paixão foi além do esperado. Aquilo não era apenas uma coisa boa, uma coisa precipitada ou um conceito intelectual de que "*Ah, se eu comprar esse carro, poderei revendê-lo mais tarde e ganhar dinheiro.*" Não havia nenhuma carga naquilo. Nenhuma emoção. Nenhuma paixão.

Eu o olhava apaixonadamente: "Bem, já tenho um Panoz e sei que é um carro maravilhoso. Este parece fantástico. Parece muito raro e foi assinado pelo astro do rock Steven Tyler, do Aerosmith." Minha paixão era enorme. Minha paixão, meu entusiasmo e minha empolgação foram a verdadeira chave, o verdadeiro sinal de que o universo, o Divino, estava me empurrando naquela direção.

No mundo dos negócios, aprendi, por exemplo, que a verdadeira chave para o sucesso é seguir sua paixão. Joseph Campbell disse: "Siga sua alegria." É a mesma coisa. Siga sua paixão. Siga sua alegria. Siga seu entusiasmo. Quando você segue aquela corrente de energia dentro de si mesmo, ela lhe aponta a direção certa, lhe mostra o caminho.

Isso é muito importante, e uma parte da rendição. Mais uma vez, seu ego poderia dizer "Seria mais sensato eu me tornar um médico, um advogado ou um contador, algo em particular", mas o caminho que vem do Divino pode querer levá-lo a ser um artista, um músico ou um bombeiro. Várias coisas. Não quero que você ponha limite nisso, e tampouco que o julgue. Você também não quer julgá-lo, porque quando começa a julgar está partindo do seu ego. Tudo isso é parte de deixar para lá.

"Seja feita a vossa vontade, não a minha"

Também quero falar da ideia de se sentir mal. Algumas pessoas ouviram falar em rendição, assistiram a um workshop com o dr. Hew Len ou até mesmo comigo, leram meu livro *Limite zero* e talvez algo trágico tenha acontecido em suas vidas.

Conheci uma mulher cujo bebê havia morrido, e ela ouvia todo esse aspecto da total responsabilidade e realmente se martirizava, pensando "Por que meu bebê morreu? Eu rezei. Fiz tudo. Até mesmo usei o método do dr. Hew Len, o *Ho'oponopono*, e disse eu te amo. Quis que aquela criança vivesse, mas ainda assim ela morreu. O que aconteceu?"

Como provavelmente salientaria o dr. Hew Len, provavelmente ela rezou pela coisa errada.

P.T. Barnum sabia

Neste terceiro estágio, quando você reza, está basicamente dizendo: "Seja feita a vossa vontade, não a minha." Isso é muito poderoso. Foi o que constatei pela primeira vez quando escrevi um livro intitulado *There's a Customer Born Every Minute*, sobre P.T. Barnum, o homem que foi um gênio do circo e do marketing. Quando pesquisava sobre ele, fui até onde foi enterrado, em Bridgeport, Connecticut.

Você precisa se lembrar de que Barnum não foi apenas um produtor de circo. Foi um autor, orador e empreendedor. Um gênio da publicidade. Um político. Elegeu-se duas vezes prefeito de Bridgeport, Connecticut. Preocupava-se com pessoas e causas. Inventou muitas coisas e cunhou muitos termos que ainda usamos hoje. Foi, em todos os aspectos, um gênio do marketing de negócios. Quando encontrei sua lápide, que era apenas um pequeno marco em uma colina relvada, nela estava gravada a frase que era seu lema: "Seja feita a vossa vontade, não a minha." Quando vi isso pela primeira vez, fiquei chocado, porque pensei: "Ele não era um egomaníaco que controlava tudo ao seu redor?"

Enquanto pesquisava e escrevia meu livro, percebi que Barnum realmente praticava essa espiritualidade de deixar para lá. Na verdade, estava no Terceiro Estágio, em que despertou para o conhecimento de que tinha que se render. Barnum foi movido por sua paixão em tudo o que fez no mundo dos negócios. Sabia que o ponto principal para ele era: se as coisas não deram certo, foi devido a um motivo maior que ele não sabia na época.

Seu museu, que ele adorava, o American Museum no centro da cidade de Nova York, foi destruído por um incêndio duas vezes. Sua mansão, Iranistan, uma das mansões mais comentadas do planeta no século XIX, foi destruída por um incêndio. Ele ficou viúvo e perdeu um filho. Em todos os casos, conseguiu sobreviver, aceitar o ocorrido e ficar em paz com isso, porque continuava a repetir a frase: "Seja feita a vossa vontade, não a minha."

Você não pode saber tudo

Quanto à mulher que perdeu bebê... o dr. Hew Len salientou que você não sabe qual é a causa em um nível mais profundo que vem do Divino. Não sabe o que é melhor para todos os envolvidos. O que tem que fazer é "limpar seus sentimentos". Se, neste momento, não está se sentindo feliz, em paz e confiante, leve esse sentimento para o Divino e diga: "Sinto muito. Por favor, me perdoe. Obrigado. Eu te amo."

Sei que isso exige uma enorme confiança, mas *é* quando você se sente incapaz de confiar que precisa levar esse sentimento para o Divino e dizer: "Sinto muito. Por favor, me perdoe. Obrigado. Eu te amo."

Uma ferramenta prática

Quero que você saiba o quanto essa ferramenta é poderosa e até mesmo prática. É um modo de realmente melhorar seus negócios e o resultado final, de engordar sua carteira e conta bancária. Por exemplo, também sou conhecido como um profissional de marketing pela internet. Quando me sento para enviar um e-mail para as pessoas de minha lista, falar-lhes sobre um novo livro, produto, serviço, website ou seminário, em minha mente estou pensando *Eu te amo. Sinto muito. Por favor, me perdoe. Obrigado.*

Confie em que está dando certo

Enquanto escrevo, estou fazendo uma limpeza. Limpando tudo internamente de que estou consciente, ou inconsciente, que poderia interferir na obtenção dos resultados que desejo. Não tenho a intenção de conseguir algo. Quero enviar um e-mail. Quero que as pessoas respondam a ele, mas não quero controlar tudo isso. Tudo o que quero é confiar que dará certo como precisa dar. Quero que o Divino prevaleça, então apenas continuo a limpar todos os meus sentimentos e a infundir amor em meus e-mails.

A propósito, meus e-mails parecem estar dando muito certo. Obtenho ótimos resultados, mas não sou o único a obtê-los. Quando estava escrevendo o livro *Limite zero*, meu amigo Bill Hibbler quis testar isso. Nós escrevemos um livro chamado *Meet and Grow Rich*. Bill é muito inteligente e também muito cético. Quis descobrir se realmente podia melhorar seus resultados e suas vendas apenas dizendo: "Eu te amo. Sinto muito. Por favor, me perdoe. Obrigado."

E testou. Pensou em sua lista de clientes. Apenas pensou nela. Não mandou nenhum e-mail para ninguém na lista. *Pensou* em sua lista. Enquanto pensava, dizia: "Eu te amo." Ele estava pensando *eu te amo* para sua lista.

Se surgiam outros pensamentos, como "Não sei se as pessoas em minha lista estão sentindo alguma coisa comigo sentado aqui e sem lhes falar diretamente" ou "Não acho que isso esteja realmente dando certo e não sei se Joe está em seu juízo perfeito. Não sei se esse dr. Hew Len é um homem excêntrico, maluco ou algo desse tipo, mas simplesmente direi, 'eu te amo', para minha lista", ele os purificava e apenas dizia automaticamente: "Eu te amo. Sinto muito. Por favor, me perdoe. Obrigado." Para sua surpresa, sem enviar nenhum e-mail, vendeu 41% a mais naquele mês do que no mês anterior. Também comparou os números de vendas com os do mesmo mês do ano anterior. Se havia feito a "limpeza" em dezembro, por exemplo, comparava as vendas com as do mês de dezembro do ano anterior para ver se houvera algum movimento ascendente. Não houvera. A única coisa que ele fizera de diferente para obter esses resultados fora sentar-se diante do computador, conversar com o Divino e pensar em sua lista. Ele irradiou amor. Quando surgiram preocupações, hesitações ou objeções em sua mente, ele as purificou: *Sinto muito. Por favor, me perdoe. Obrigado. Eu te amo.*

Você não pode discutir com o sucesso

Isso é profundo. Conheço um vendedor de carros na Califórnia que é secretamente um grande fã do *Ho'oponopono*, do método do dr. Hew Len e do meu próprio trabalho. Ele purifica quando conversa com as pessoas que vêm comprar carro. As pessoas entram e dizem: "Só estou olhando. Não me venda nada. Nem mesmo me dê um folheto. Só estou olhando." Ele responde "Está certo. Pode olhar" e, em sua mente, purifica.

– Você conversa com elas? – perguntei-lhe diretamente.

– Sim. Converso sobre o tempo ou, se tiverem perguntas sobre o carro, eu respondo, mas em minha mente tudo o que estou fazendo é purificar. *Eu te amo. Sinto muito. Por favor, me perdoe. Obrigado* – ele respondeu.

Esse homem, uma das pessoas mais calmas que conheço, quebrou recordes de vendas do fabricante e de modelos de carro. Vendeu mais carros do que qualquer outra pessoa em seu ramo. Tudo o que ele faz – sua arma secreta para aumentar as vendas – é dizer silenciosamente para todos que encontra "Sinto muito. Eu te amo. Por favor, me perdoe. Obrigado." Com isso, as pessoas sentem algo quando estão perto dele. Pessoas que entram só para olhar às vezes vão embora tendo comprado dois carros (um para elas e outro para seus cônjuges). Isso acontece quando foram lá pensando não comprar nada ou talvez comprar apenas um carro.

Isso é prático? Totalmente. Funciona em todos os níveis e o tempo todo. Você pode estar pensando: "Bem, talvez tenha funcionado para você. Talvez tenha funcionado para Bill. Talvez tenha funcionado para o dr. Hew Len, mas isso não significa que funcionará para mim." Sabe de uma coisa? Purifique. Aceite esse sentimento. Olhe para o céu e diga: "Sinto muito. Não sei de onde veio esse sentimento. Não sei de onde vieram minhas objeções e minha negatividade. Por favor, me perdoe por elas. Não sei como surgiram em minha vida. Obrigado por cuidar disso. Obrigado por me ouvir. Eu te amo."

No início, quando você disser essas palavras, talvez realmente não as sinta, mas quando continuar a dizê-las, especialmente após começar a ver os resultados da rendição, de entrar nesse terceiro estágio do despertar, você desejará dizer mais, e sentirá a felicidade de fazê-lo em cada momento.

Chega de preocupações

Um efeito colateral maravilhoso de usar esse método em particular é que isso afasta sua preocupação. Se estiver preocupado com algo (uma entrevista de emprego, um cheque que será depositado, o que outra pessoa dirá), pegue essa preocupação e "*Ho'oponopono* nela". Basicamente, diga: "Eu te amo. Sinto muito. Por favor, me perdoe. Obrigado."

Mais uma vez, parece muito simples, mas, ao fazê-lo, você afasta a preocupação. Dá de ombros e a despreza. Talvez se sente ereto. Talvez respire um pouco diferente. Talvez fique com um sorriso no rosto. O mundo inteiro muda. A verdade é que, como disse Mark Twain, "A maioria das coisas com que você se preocupa nunca acontecem."

Quando deixar a preocupação de lado, abra-se para que o Divino o surpreenda com algo maravilhoso. Falarei sobre isso mais tarde, mas o que você deseja em sua vida é, na verdade, para este momento. Purificando tudo o que o tira dele, você percebe que o agora é o verdadeiro milagre.

Relacione suas preocupações

Agora é uma boa hora para ir em frente e relacionar tudo o que o preocupa. Pode ser seu emprego, seus relacionamentos ou seus filhos. Talvez você se preocupe com sua saúde. Com o próximo pagamento de sua hipoteca ou seu carro. Com o meio ambiente. Com o clima político. Com todos os tipos de coisas que poderiam surgir. Como a esta altura você sabe, se elas estão surgindo em sua realidade, em algum nível você participou de sua criação.

Faça uma longa lista de todas essas coisas. É maravilhoso apenas colocá-las no papel. Isso é muito libertador e terapêutico. Eu o convido, e até mesmo o desafio, a fazer uma lista bem completa de tudo o que surgir. Tudo o que o perturbar. Tudo o que o preocupar. Tudo o que tenha estado repetidamente em sua mente. Ponha no papel. Anote. Não julgue. Não condene. Não se julgue. Não se culpe. Tudo o que você está fazendo é um inventário das coisas que o perturbam no momento. Escreva-as.

Depois que terminar de escrever, eu o convido a limpar um desses itens. Você pode fazer isso várias vezes. Não precisa de minha ajuda para isso, mas eu o ajudarei da primeira vez. Olhe para sua lista e, se ainda não a fez, apenas anote o que lhe ocorrer. Sem dúvida, algo o está incomodando.

É bem típico da condição humana que haja algo em sua mente, algo que o irrita, algo de que você se queixaria. Tudo bem. Quero que o reconheça e fique com isso por um momento. Para os fins deste exercício, escolha algo, qualquer coisa, e eu o conduzirei através da experiência de limpeza.

Acompanhe-me, porque nos próximos 15 ou vinte segundos vou guiá-lo em um processo de purificação. Você pode purificar um item ou vários itens. Seja o que for que surgir, vá em frente e anote. Você pode até mesmo registrar o que acontece nos próximos trinta dias. Faça isso durante alguns minutos por dia, todos os dias, durante trinta dias. Anote e veja como sua vida evolui, como muda, apenas despertando para o estágio de rendição.

Em primeiro lugar, eu lhe pedirei para ficar com esse sentimento e, em segundo, repetir silenciosamente "Sinto muito. Por favor, me perdoe. Obrigado. Eu te amo. Sinto muito. Por favor, me perdoe. Obrigado. Eu te amo."

Vou repetir essas frases várias vezes durante vários minutos. Você pode dizê-las mentalmente. Pode dizê-las junto comigo ou mais rápido, se quiser. Apenas permita que o sentimento esteja presente enquanto pede ao Divino para deixá-lo ir.

Sinto muito. Por favor, me perdoe. Obrigado. Eu te amo.
Sinto muito. Por favor, me perdoe. Obrigado. Eu te amo.
Sinto muito. Por favor, me perdoe. Obrigado. Eu te amo.
Sinto muito. Por favor, me perdoe. Obrigado. Eu te amo.
Sinto muito. Por favor, me perdoe. Obrigado. Eu te amo.
Sinto muito. Por favor, me perdoe. Obrigado. Eu te amo.
Sinto muito. Por favor, me perdoe. Obrigado. Eu te amo.
Sinto muito. Por favor, me perdoe. Obrigado. Eu te amo.
Sinto muito. Por favor, me perdoe. Obrigado. Eu te amo.
Sinto muito. Por favor, me perdoe. Obrigado. Eu te amo.
Sinto muito. Por favor, me perdoe. Obrigado. Eu te amo.
Sinto muito. Por favor, me perdoe. Obrigado. Eu te amo.
Sinto muito. Por favor, me perdoe. Obrigado. Eu te amo.
Sinto muito. Por favor, me perdoe. Obrigado. Eu te amo.
Sinto muito. Por favor, me perdoe. Obrigado. Eu te amo.
Sinto muito. Por favor, me perdoe. Obrigado. Eu te amo.
Sinto muito. Por favor, me perdoe. Obrigado. Eu te amo.
Sinto muito. Por favor, me perdoe. Obrigado. Eu te amo.
Sinto muito. Por favor, me perdoe. Obrigado. Eu te amo.
Sinto muito. Por favor, me perdoe. Obrigado. Eu te amo.
Sinto muito. Por favor, me perdoe. Obrigado. Eu te amo.
Sinto muito. Por favor, me perdoe. Obrigado. Eu te amo.
Sinto muito. Por favor, me perdoe. Obrigado. Eu te amo.
Sinto muito. Por favor, me perdoe. Obrigado. Eu te amo.
Sinto muito. Por favor, me perdoe. Obrigado. Eu te amo.
Sinto muito. Por favor, me perdoe. Obrigado. Eu te amo.

Sinto muito. Por favor, me perdoe. Obrigado. Eu te amo.
Sinto muito. Por favor, me perdoe. Obrigado. Eu te amo.
Sinto muito. Por favor, me perdoe. Obrigado. Eu te amo.
Sinto muito. Por favor, me perdoe. Obrigado. Eu te amo.
Sinto muito. Por favor, me perdoe. Obrigado. Eu te amo.
Sinto muito. Por favor, me perdoe. Obrigado. Eu te amo.
Sinto muito. Por favor, me perdoe. Obrigado. Eu te amo.
Sinto muito. Por favor, me perdoe. Obrigado. Eu te amo.
Sinto muito. Por favor, me perdoe. Obrigado. Eu te amo.
Sinto muito. Por favor, me perdoe. Obrigado. Eu te amo.
Sinto muito. Por favor, me perdoe. Obrigado. Eu te amo.
Sinto muito. Por favor, me perdoe. Obrigado. Eu te amo.
Sinto muito. Por favor, me perdoe. Obrigado. Eu te amo.
Sinto muito. Por favor, me perdoe. Obrigado. Eu te amo.
Sinto muito. Por favor, me perdoe. Obrigado. Eu te amo.
Sinto muito. Por favor, me perdoe. Obrigado. Eu te amo.
Sinto muito. Por favor, me perdoe. Obrigado. Eu te amo.
Sinto muito. Por favor, me perdoe. Obrigado. Eu te amo.
Sinto muito. Por favor, me perdoe. Obrigado. Eu te amo.
Sinto muito. Por favor, me perdoe. Obrigado. Eu te amo.
Sinto muito. Por favor, me perdoe. Obrigado. Eu te amo.
Sinto muito. Por favor, me perdoe. Obrigado. Eu te amo.
Sinto muito. Por favor, me perdoe. Obrigado. Eu te amo.
Sinto muito. Por favor, me perdoe. Obrigado. Eu te amo.
Sinto muito. Por favor, me perdoe. Obrigado. Eu te amo.
Sinto muito. Por favor, me perdoe. Obrigado. Eu te amo.
Sinto muito. Por favor, me perdoe. Obrigado. Eu te amo.
Sinto muito. Por favor, me perdoe. Obrigado. Eu te amo.
Sinto muito. Por favor, me perdoe. Obrigado. Eu te amo.
Sinto muito. Por favor, me perdoe. Obrigado. Eu te amo.
Sinto muito. Por favor, me perdoe. Obrigado. Eu te amo.
Sinto muito. Por favor, me perdoe. Obrigado. Eu te amo.
Sinto muito. Por favor, me perdoe. Obrigado. Eu te amo.
Sinto muito. Por favor, me perdoe. Obrigado. Eu te amo.

Sinto muito. Por favor, me perdoe. Obrigado. Eu te amo.
Sinto muito. Por favor, me perdoe. Obrigado. Eu te amo.
Sinto muito. Por favor, me perdoe. Obrigado. Eu te amo.
Sinto muito. Por favor, me perdoe. Obrigado. Eu te amo.
Sinto muito. Por favor, me perdoe. Obrigado. Eu te amo.
Sinto muito. Por favor, me perdoe. Obrigado. Eu te amo.
Sinto muito. Por favor, me perdoe. Obrigado. Eu te amo.
Sinto muito. Por favor, me perdoe. Obrigado. Eu te amo.
Sinto muito. Por favor, me perdoe. Obrigado. Eu te amo.
Sinto muito. Por favor, me perdoe. Obrigado. Eu te amo.
Sinto muito. Por favor, me perdoe. Obrigado. Eu te amo.
Sinto muito. Por favor, me perdoe. Obrigado. Eu te amo.
Sinto muito. Por favor, me perdoe. Obrigado. Eu te amo.
Sinto muito. Por favor, me perdoe. Obrigado. Eu te amo.
Sinto muito. Por favor, me perdoe. Obrigado. Eu te amo.
Sinto muito. Por favor, me perdoe. Obrigado. Eu te amo.
Sinto muito. Por favor, me perdoe. Obrigado. Eu te amo.
Sinto muito. Por favor, me perdoe. Obrigado. Eu te amo.
Sinto muito. Por favor, me perdoe. Obrigado. Eu te amo.
Sinto muito. Por favor, me perdoe. Obrigado. Eu te amo.
Sinto muito. Por favor, me perdoe. Obrigado. Eu te amo.
Sinto muito. Por favor, me perdoe. Obrigado. Eu te amo.
Sinto muito. Por favor, me perdoe. Obrigado. Eu te amo.
Sinto muito. Por favor, me perdoe. Obrigado. Eu te amo.
Sinto muito. Por favor, me perdoe. Obrigado. Eu te amo.
Sinto muito. Por favor, me perdoe. Obrigado. Eu te amo.
Sinto muito. Por favor, me perdoe. Obrigado. Eu te amo.
Sinto muito. Por favor, me perdoe. Obrigado. Eu te amo.
Sinto muito. Por favor, me perdoe. Obrigado. Eu te amo.
Sinto muito. Por favor, me perdoe. Obrigado. Eu te amo.
Sinto muito. Por favor, me perdoe. Obrigado. Eu te amo.
Sinto muito. Por favor, me perdoe. Obrigado. Eu te amo.
Sinto muito. Por favor, me perdoe. Obrigado. Eu te amo.
Sinto muito. Por favor, me perdoe. Obrigado. Eu te amo.

Sinto muito. Por favor, me perdoe. Obrigado. Eu te amo.
Sinto muito. Por favor, me perdoe. Obrigado. Eu te amo.
Sinto muito. Por favor, me perdoe. Obrigado. Eu te amo.
Sinto muito. Por favor, me perdoe. Obrigado. Eu te amo.
Sinto muito. Por favor, me perdoe. Obrigado. Eu te amo.
Sinto muito. Por favor, me perdoe. Obrigado. Eu te amo.
Sinto muito. Por favor, me perdoe. Obrigado. Eu te amo.
Sinto muito. Por favor, me perdoe. Obrigado. Eu te amo.
Sinto muito. Por favor, me perdoe. Obrigado. Eu te amo.
Sinto muito. Por favor, me perdoe. Obrigado. Eu te amo.
Sinto muito. Por favor, me perdoe. Obrigado. Eu te amo.
Sinto muito. Por favor, me perdoe. Obrigado. Eu te amo.
Sinto muito. Por favor, me perdoe. Obrigado. Eu te amo.
Sinto muito. Por favor, me perdoe. Obrigado. Eu te amo.
Sinto muito. Por favor, me perdoe. Obrigado. Eu te amo.
Sinto muito. Por favor, me perdoe. Obrigado. Eu te amo.
Sinto muito. Por favor, me perdoe. Obrigado. Eu te amo.
Sinto muito. Por favor, me perdoe. Obrigado. Eu te amo.
Sinto muito. Por favor, me perdoe. Obrigado. Eu te amo.
Sinto muito. Por favor, me perdoe. Obrigado. Eu te amo.
Sinto muito. Por favor, me perdoe. Obrigado. Eu te amo.
Sinto muito. Por favor, me perdoe. Obrigado. Eu te amo.
Sinto muito. Por favor, me perdoe. Obrigado. Eu te amo.
Sinto muito. Por favor, me perdoe. Obrigado. Eu te amo.
Sinto muito. Por favor, me perdoe. Obrigado. Eu te amo.
Sinto muito. Por favor, me perdoe. Obrigado. Eu te amo.
Sinto muito. Por favor, me perdoe. Obrigado. Eu te amo.
Sinto muito. Por favor, me perdoe. Obrigado. Eu te amo.
Sinto muito. Por favor, me perdoe. Obrigado. Eu te amo.
Sinto muito. Por favor, me perdoe. Obrigado. Eu te amo.

5

Quarto Estágio

Despertar

Você pode aquietar sua mente, fundir-se com o Divino e pedir algo que gostaria de ter, fazer ou ser.

– Joe Vitale

Bem-vindo ao Quarto Estágio, aquele em que você está desperto. De muitos modos, esse é o estágio mais difícil de descrever. Os estágios anteriores lhe permitem despertar para eles e transcendê-los. Quando leu os capítulos anteriores, provavelmente algo pipocou em sua consciência. Provavelmente transcendeu velhos modos de pensar. Porém, neste estágio você desperta quase como por encanto.

Quero conduzi-lo nessa direção para que você entenda totalmente o que procura, e guiá-lo para estabelecer parâmetros que realmente permitam que o encontre. Novamente, isso está além da rendição. Este é o estágio em que você desperta para o próprio Divino. Continue comigo, porque sei que, à primeira vista, esse conceito é um pouco confuso e desafiador, mas deixe-me explicá-lo.

A testemunha

Neste momento, enquanto você lê isto, sabe que tem pensamentos. Em um capítulo anterior, fizemos o exercício em que você percebeu que não é seus pensamentos; mas vamos além. Você também tem um corpo. Talvez seu corpo pareça bom. Talvez você goste dele.

Talvez ele esteja um pouco dolorido em alguns pontos. Talvez você precise se alongar, mas note que você não é seu corpo. Você tem consciência dele. Tem consciência de seus pensamentos, mas não é seus pensamentos e não é seu corpo. Perceba também que você tem sentimentos. Tem emoções: felicidade, tristeza, raiva, irritação, desconforto, seja lá o que for. Você as experimenta, mas não é elas.

De algum modo, é quase como se você estivesse dentro de uma vestimenta. Como um astronauta, você também tem que pôr algum tipo de vestimenta, e, de dentro dela, olha para o mundo através de óculos, através do visor.

Se você não é seus pensamentos, seu corpo nem suas emoções, e realmente é algo dentro desse veículo que chamamos de corpo, o que você é? *O que você é?* Eu me arriscarei a dizer que a testemunha que está dentro de você, na verdade, é Deus – que a testemunha que tem os pensamentos, o corpo e as emoções e, contudo, está separada disso tudo, na verdade, é Deus.

A percepção de Deus

De muitos modos, você é o Divino que veio aqui para experimentar ser um humano. Você não sabia disso, porque parte do que o Divino criou foi essa amnésia, para que você não soubesse quem era. Você nasceu no mundo como vítima e aprendeu, com este livro ou com outra coisa, a ter mais poder. Aprendeu com *O curso do despertar* ou com algo mais a de fato se render, mas agora está recebendo a boa notícia de que realmente criou tudo isso para despertar para si mesmo. O Divino queria que você experimentasse como é ser um humano para passar por todos esses estágios e chegar do outro lado, onde o Divino percebe: *eu sou Deus.*

Por favor, entenda-me quando digo que não estou apelando para seu ego. Se seu ego se agarra a isso, você percebe que não se separou dele. Se você realmente está no estágio do despertar, seus pensamentos são idênticos aos pensamentos do Divino. Você entende claramente que aquilo que surge na verdade surge do Divino, porque você é o Divino.

Além das perguntas

Certa vez, perguntei ao dr. Hew Len, o homem sobre o qual já falamos: "E quanto à escolha? Como você toma uma decisão?" Ele respondeu: "Se você tem uma escolha, se tem uma decisão a tomar, se não consegue decidir entre seguir o plano A ou o plano B, ou se compra uma coisa ou outra, então você não está purificado."

O dr. Hew Len salientou que, se você realmente se rende, se está desperto, não tem uma escolha. Seja o que for que haja para você fazer ou dizer, faz e diz sem questioná-lo, porque você é um só com a própria coisa que o está instando a partilhá-la.

Isso pode parecer muito "irreal", muito confuso. Mas continue comigo e medite sobre o seguinte: "*Por que tenho pensamentos, mas não sou meus pensamentos? Como tenho consciência deles? Que parte de mim tem consciência deles? Como tenho este corpo, mas não sou meu corpo? Como estou dentro dele? De algum modo, sou um espírito. De algum modo, estou percebendo. Sentindo. Usando. Como tenho essas emoções, mas posso estar separado delas? Na verdade, posso olhar para elas. Posso questioná-las.*"

Se você se agarrar a esses pensamentos, os sentirá e poderá se fundir com eles. Mas estou lhe pedindo para se separar deles e depois perceber que você não é suas emoções, seu corpo ou seus pensamentos. É separado de tudo isso, é essa testemunha.

Quadro branco

O que é exatamente a testemunha? Em alguns workshops que apresento – especialmente os que ministro com o dr. Hew Len, baseados no livro *Limite zero* e são chamados de "Workshops do Limite Zero" – refiro-me à testemunha como "a fonte, o quadro branco". Uso o termo *quadro branco* porque, frequentemente, nos seminários, há um grande quadro branco na frente da sala. Apago tudo nele, aponto para ele e digo: "Esta é sua essência."

Você e o Divino não têm pensamentos. Você é um simples quadro branco sem nada escrito. Assim que escreve algo nele, se separa do Divino. Se você diz "O Divino é amor", acabou de fazer um julgamento sobre o Divino e de rotulá-lo. Acabou de julgá-lo. Não estou dizendo que chamar de amor é certo ou errado, bom ou indiferente. Só estou dizendo que, assim que você julga o Divino, assim que lhe dá um nome ou o descreve, se separa dele.

Quero que perceba que você é como uma gota d'água no oceano. Está separado do oceano, mas ainda *é* o oceano. Se devolver a gota d'água que é você ao oceano, se fundirá com ele. Esse é o seu relacionamento com o quadro branco. Você está separado dele apenas como uma gota d'água está separada do oceano.

Quando você medita, olha para dentro e se separa de seus pensamentos, seus sentimentos e suas emoções, começa a se fundir com o quadro branco. Começa a se fundir com o Divino. É assim que pode alcançar o estágio do despertar, ou até mesmo a iluminação.

Momentos de satori

Se você olhar para suas vidas passadas, talvez se lembre de ter tido, nesta ou em outra vida, momentos do que é chamado de *satori.* Um momento de satori é aquele em que você percebe "*Sou um só com tudo. Sou um só com o universo*". Nesse momento, sua identidade e seu ego desaparecem. Você ainda está consciente. Ainda sabe seu nome. Ainda sabe onde mora. Ainda tem toda uma história pessoal em sua mente, mas não está mais apegado a ela. Esse é o momento em que percebe *"Sou um só com o Divino"*. Isso não significa que você governa a Terra. Não significa que é "o Deus". Você não é o Ser Supremo. Certa noite, contei a amigos que, no filme *O feitiço do tempo,* Bill Murray diz que é Deus. Ele anuncia: "Eu sou Deus." Quando alguém o questiona, ele diz: "Eu não sou *o* Deus. Sou *um* Deus." É isso que você é: um Deus.

Quando você reflete sobre sua vida, especialmente se medita, trabalha profundamente em si mesmo ou tem momentos de silêncio profundo, pode encontrar esse satori. Às vezes isso acontece quando você está sentado na natureza; relaxando à beira de uma piscina; ou dirigindo um carro. Pode acontecer em qualquer lugar. É por isso que eu digo que frequentemente acontece como por encanto. Mas quando você cria o momento para isso, cria a abertura para isso, pode experimentar – e ter experimentado no passado – momentos de satori.

Arranje tempo todos os dias para meditar

Neste quarto estágio, em que você se torna desperto, eu o convido a arranjar mais tempo para permitir que isso aconteça. Sugiro que medite mais. Há muitos estudos científicos que revelam todos os bons motivos para você meditar. A meditação cura o corpo, reduz o estresse, equilibra o lado direito do cérebro com o esquerdo e proporciona estados de criatividade e consciência mais profundos. Mas estou realmente interessado em como pode levar você de volta para o Divino – de fato, ajudá-lo a se tornar o Divino.

Quando descrevo tudo isso, provavelmente em um nível intelectual, você entende do que eu estou falando. Percebe que tem pensamentos, mas não é seus pensamentos; que tem um corpo, mas não é seu corpo; que tem emoções, mas não é suas emoções. Portanto, percebe que há algo nisso. Entende intelectualmente, mas como se funde com o Divino? Como abandona sua consciência egocêntrica e simplesmente se torna o Divino, vivendo, como diz o dr. Hew Len, "sem ter escolha"?

Você apenas percebe que é isso que o Divino faz; em seu caso particular, você faz, sem questioná-lo. Você é Deus. O melhor modo que conheço para atingir esse estágio é arranjar tempo todos os dias para meditar. Você pode meditar de manhã. Pode meditar de tarde. De noite.

Toda a sua vida pode ser uma meditação caminhando

Se puder, pense em toda a sua vida como uma meditação caminhando, o que é ainda melhor. É ainda mais desafiador, porque, enquanto você segue com seu dia, dirige, vai para o trabalho, encontra pessoas, trabalha e fica em pé na fila da agência de correio, percebe: *"Eu não sou meu corpo. Não sou meus pensamentos. Não sou minhas emoções."* Desapega-se ao máximo. Assim, toda a experiência de viver se torna uma meditação.

Eu o desafio a tentar ser consciente 24 horas por dia, e com isso quero realmente dizer 24 horas por dia. Você também pode se tornar consciente enquanto dorme, mas se tudo isso parecer complicado demais, apenas medite todos os dias. Arranje tempo – dez minutos, vinte minutos, o tempo que for. Muita gente medita duas vezes por dia, vinte minutos de manhã e vinte minutos à noite. Faça o que for possível para você.

Neste estágio, em que está despertando, deve entender o quanto isso é importante. É essencial. Assim como você escova os dentes e segue sua rotina todos os dias, ou talvez se exercite várias vezes por semana, é importante que medite diariamente.

Isso é essencial, considerando-se o objetivo e prêmio no final do túnel: fundir-se com o Divino, abandonar suas preocupações, suas crenças e sua programação para realmente ter a vida que o Divino deseja que você tenha – uma vida momento a momento de reverência, magia e milagres indescritíveis, inimagináveis e inacreditáveis.

"Meditação não é o que você pensa"

Há tipos diferentes de meditação, e agora lhe apresentarei uma delas. Mas quero que você assuma consigo mesmo o compromisso de meditar diariamente todas as manhãs. Essa meditação pode ser simples como observar sua respiração.

Uma das minhas citações humorísticas favoritas é: "Meditação não é o que você pensa." Eu a adoro, porque significa que seja lá o que for que você pense que é meditação, provavelmente está errado. Também significa que, se você está pensando, não está meditando. Meditação não é o que você pensa. A meditação está por trás do que você pensa.

O que eu faço, e recomendo que você faça, é fechar os olhos. Observe sua respiração. Apenas preste atenção ao ar entrando por seu nariz e saindo por sua boca. Quando surgirem pensamentos, apenas os observe. Finja que são nuvens passando no céu. Você só está curioso: "Gostaria de saber qual é o próximo." Mas mesmo quando diz "Gostaria de saber qual é o próximo", está jogando o jogo do pensamento, portanto quero que vá além disso ou, mais exatamente, por trás disso, porque é aí que está a lousa em branco.

Por trás disso está o quadro branco. Por trás disso está o oceano. Por trás disso está Deus. É isso que você é.

Quando você meditar, eu o convido a observar e se fundir o máximo que puder com esse pano de fundo Divino – o pano de fundo que é o centro de sua alma. Esse pano de fundo está consciente das minhas palavras. Consciente de que você está pensando e respirando agora. Consciente de tudo o que acontece ao seu redor. Quero que você se torne consciente dele e se funda o máximo possível com ele. É assim que cria espaço para o despertar.

Três modos de despertar

1. Meditação

Conheço três modos de despertar neste ponto. O primeiro foi o que lhe descrevi: meditar. Mais uma vez, a meditação não tem que ser um bicho de sete cabeças. Se você não tem o hábito de meditar, não se preocupe com isso. Realmente acredito no que chamo de "um Místico no Mercado" . O que quero dizer é que você deveria seguir com seu dia, seus afazeres, sua vida e seus relacionamentos – tudo – estando o máximo possível *consciente.*

Do que você está consciente? Está consciente de como se sente, mas notando que está notando isso; você não é isso. Está de algum modo separado disso. Quando você tem um pensamento, olha para ele com curiosidade, mas notar é um pensamento; não é você. Quando, por exemplo, você sente uma pequena pontada no corpo, percebe "Ah, estou com uma pontada no joelho", mas você é separado do joelho. É separado da pontada.

Assim, você pode seguir com seu dia enquanto realmente medita. Não tem que sentar em uma pedra. Não tem que ir para uma sala separada. Não tem que acender velas. Tudo isso é maravilhoso e, se você tem vontade de fazê-lo, por favor faça, mas, se está muito ocupado – todos aqui no Ocidente estão, e mesmo se você se encontra no Oriente, e está ocupado –, pode encontrar tempo para meditar deixando isso ser sua própria vida. Tornando-se uma pessoa que medita naturalmente. Atraia um despertar para sua vida.

Se você realmente sente que está ocupado demais para fazer isso e teme até mesmo o silêncio, pode fazê-lo com passos de bebê. Pode começar dando passos pequenos. Esteja consciente de que, se você cria distrações, elas são distrações do seu ego – você deseja ligar a TV em vez de se sentar em silêncio; deseja ler um livro em vez de se sentar em silêncio; deseja dar um telefonema em vez de se sentar em silêncio. Observe essas distrações.

Novamente, você não precisa se culpar. Ame-se. Você está fazendo o melhor que pode em todas as situações. Se você se apavora com a própria ideia de ir para dentro de si mesmo, ficar em paz e totalmente em silêncio, pode purificá-la usando a técnica sobre a qual falei no capítulo anterior: "Eu te amo. Sinto muito. Por favor, me perdoe. Obrigado."

Quero que você fique em paz consigo mesmo. Seja gentil consigo mesmo. Não vai ajudar ser duro consigo mesmo, se pressionar, tentar se forçar a fazer alguma coisa.

Como falamos no estágio anterior, a rendição é muito importante. Render-se para o Divino significa confiar em que tudo está dando certo para o maior bem de todos os envolvidos, inclusive você. Se você não sentir vontade de se sentar para meditar, e de fazer algumas das meditações que outras pessoas têm feito, trate sua vida como se fosse uma meditação. Apenas se conscientize docilmente: "*Estou tendo pensamentos. Estou tendo sentimentos. Estou tendo dores e sofrimentos ou prazeres físicos.*" Conscientize-se de tudo isso. Esse é o primeiro modo de atrair um despertar.

2. Gratidão

O segundo passo é a extensão de algo sobre o qual já falamos. Tem tudo a ver com a gratidão. Já falei sobre gratidão um pouco mais cedo, mas agora você está em um ponto diferente. Agora estamos falando sobre o Quarto Estágio – sobre despertar para a bondade em seu íntimo e perceber que você realmente se fundiu com o Divino, que é uma expressão Dele. Neste ponto, a experiência de gratidão será bem diferente do que foi antes.

A experiência de gratidão será mais profunda e rica, porque se você realmente entende que é Deus – o Divino – e está tendo esta experiência humana maravilhosa como um ser espiritual dentro de um corpo, então tem muito pelo que ser grato. Eu o convido a fazer algo divertido para expressar sua gratidão. Pode ser escrever uma canção ou um poema, ou fazer uma colagem de belas fotos. Qualquer uma dessas atividades é capaz de produzir sentimentos de gratidão. Você pode dar uma palestra, escrever uma peça, fazer algo com fotografia, arte ou dança. De algum modo ou forma, tente dar uma expressão concreta à sua gratidão.

Uma coisa que faço, quase todas as noites, é tomar um banho quente de banheira. Enquanto estou sentado sob o céu do Texas, sinto gratidão. Olho para as estrelas e digo para elas: "Eu te amo. Sinto muito. Por favor, me perdoe. Obrigado." As estrelas se tornam gatilhos para cada uma dessas afirmações. Examino tudo pelo que sou grato e deixo esses sentimentos me invadirem: "*Ah, em primeiro lugar sou grato pela banheira de água quente. Ela é maravilhosa. Sou grato pelas próprias estrelas. Pelo céu. Por minha vida e como a mudei – deixando de ser sem-teto e me transformando no que sou hoje. Continuo a crescer e a me tornar cada vez mais consciente, a aceitar alegremente que o Divino entre em minha vida e se expresse por meio de mim.*"

Entro em um estado de gratidão tão profunda que, acredite, começo a chorar. Sento-me naquela banheira de água quente com lágrimas nos olhos, e penso: "*Que vida incrível! Eu era um sujeito desconhecido, sem-teto, infeliz, melancólico, suicida e até mesmo alcoólatra. Trinta e poucos anos depois, criei um curso sobre despertar, escrevi best-sellers e participei de todos esses filmes.*"

Perco a fala só de pensar a respeito. Faço isso em meu banho quente de banheira e sinto essa gratidão avassaladora. Repito que isso está disponível para você. De qualquer modo ou forma que preferir, insisto que o expresse. Insisto que o partilhe. É um modo maravilhoso de ancorar o sentimento de gratidão. Mas como este é o segundo passo que pode deixá-lo você aberto a um despertar, você está se preparando para bater na porta do Divino e dizer: "Deixe-me entrar" e "Eu sou grato".

A gratidão é uma ferramenta poderosa. Não só o faz sentir-se melhor como se funde com você na essência do próprio Divino. Acho que esse segundo passo, sobre gratidão e expressá-la de algum modo, é um passo poderoso que você pode dar livremente sempre que quiser. Insisto em que faça isso – e faça hoje.

3. Seja feliz agora

O terceiro modo de atrair o despertar é algo realmente profundo. Vou resumir: você pode ser feliz neste exato momento.

Dei muitas palestras em que disse às pessoas que tudo o que elas buscam – uma casa nova, um relacionamento, mais saúde e riqueza, um novo emprego (ou o que quer que seja) – é, de muitos modos, uma ilusão. Isso o deixa em uma posição difícil. Mantém você ocupado, olhando para o momento atual, e pensando: "Ah, quando o próximo momento chegar e eu conseguir aquele carro (ou aquela casa, aquele emprego, aquele relacionamento ou o que quer que seja), serei feliz."

Essa é a grande piada. A grande ironia disso tudo. Você se ilude. Todos nós já nos iludimos. Eu já me iludi. Fiz isso em todos os estágios anteriores. Nós nos iludimos, pensando que, quando obtivermos o que mais desejamos, finalmente seremos felizes para sempre – e isso não acontece.

Quando você atrai a saúde, a riqueza, o carro (ou o que quer que seja), por um instante você fica empolgado. Essa é a empolgação da conquista. Seu ego se gratifica, e talvez até mesmo o Divino, atuando por seu intermédio, dê uma piscadela, como se dissesse: "Muito bem." Mas subitamente você pensa "Este é um ótimo carro, mas há um ainda melhor, mais rápido, mais novo e de uma cor diferente", "Tenho uma bela casa, mas há um castelo aqui que é melhor e maior", "Tenho muita saúde, mas ainda há mais saúde e alguém tem mais dinheiro do que eu". Ou você tem ótima saúde, mas pensa "Ah, eu não sou o Super-Homem (ou a Supermulher) e quero ainda mais." E, subitamente, você recomeça a busca.

Logo, você persegue o sonho de novo e, logo, não está mais no momento de novo. O que você quer é ser feliz agora. Bem, você pode ser. Quando você liga sua felicidade a outra coisa, se separa deste momento. O Divino está *neste momento.* Seu poder está neste momento. Sua felicidade está neste momento.

Quando digo isso, estou falando sobre *este exato momento*, não o que passou e não o que está por vir. Estou falando sobre este exato momento – o momento em que acabei de dizer "este", "este", "este" e "este". Em cada um desses momentos, você pode ser feliz se assim o decidir.

Isso não significa que você não terá um novo carro, uma nova casa, um novo relacionamento, mais saúde e dinheiro ou o que quer que esteja buscando. Não significa que não tomará nenhuma atitude. Significa que, a partir deste momento e desta felicidade, o próprio Divino o empurrará na direção do que é certo para você. Poderia ser um carro, uma casa, um relacionamento, saúde ou riqueza – qualquer coisa. Mas se você é capaz de estar neste momento e realmente olhar ao redor e dizer "Ah, uau!", está manifestando gratidão.

Você olha ao redor neste momento e pensa, "Isto realmente é muito bom. Meu momento realmente é muito bom. Tenho preocupações, mas posso purificá-las, deixá-las para lá e ver por trás delas – porque as preocupações são apenas pensamentos – para estar no presente." Quando você está no presente, tudo está bem.

Outro modo de descobrir se você está no momento ou não é prestar atenção ao seu diálogo interior quando conversa com alguém. Muita gente não presta atenção. Não ouve. O que fazem dentro de si mesmas é se preparar para contra-argumentar, ou talvez não ouçam nada. Elas têm suas próprias histórias e agendas e, por isso, não estão no momento.

Preste atenção para ver se esse é o seu caso. Quando você conversar com alguém no bebedouro, sair para almoçar ou jantar, ou falar com alguém pelo telefone, veja se realmente está prestando atenção ao que a outra pessoa diz ou se está prestando atenção ao que você quer dizer. Isso é um sinal de que você deixou o momento.

Para praticar, por que você não começa apenas a ouvir a pessoa que está falando, acreditando que, deste momento, surgirá a coisa certa para você dizer? Não se preocupe com o que dirá. Não se estresse com o que dirá. Apenas respire profundamente e *realmente ouça* a outra pessoa. Isso o ajudará a trazê-lo para o momento, e também acho que esse tipo de diálogo e atenção o fará ter conversas muito mais ricas e profundas.

Portanto, o terceiro modo de se abrir para o despertar é inspirar profundamente e, ao expirar, liberar tudo. Olhe ao redor, toque no painel do seu carro se estiver nele, na cadeira se estiver sentado em uma ou no aparelho em que estiver se exercitando – apenas acaricie esse objeto. Isso o ajuda a se lembrar de que: "Este é meu momento. Eu estou vivo. Tudo está bem. Isto é maravilhoso."

A sensação de estar no momento pode torná-lo aberto a um momento de satori, se não a um total despertar. Esse é o terceiro modo de se abrir ao quarto estágio do despertar.

Desapego torna possível mais riqueza

Se você se preocupar com coisas como desapego, e se você se separar de seus sentimentos, de seus pensamentos e de seu corpo, a vida se tornará tediosa? A vida se tornará desinteressante? Você não terá mais prazeres? Não sofrerá mais? De certa forma ou maneira se tornará inumano? Essa é uma ideia errada. Você não está sendo submetido a uma lobotomia.

Quando você desperta, realmente aprecia mais a vida. Tem uma sensação de paz interior e não depende mais de circunstâncias externas para ser feliz. Não está mais apegado à sua necessidade, ao seu físico, à ideia de que as coisas devem ser de um certo modo. Está livre.

Certamente você aprecia os altos e baixos da vida, mas com uma sensação de desapego que lhe diz que tudo é parte do teatro. Parte do jogo. Parte da cena. Você tem seu papel para representar. Outras pessoas têm os papéis delas. Se todos nós representamos nossos papéis, há essa sinfonia maravilhosa, e fazemos apenas o que estamos aqui para fazer.

Repito que você não está sendo submetido a uma lobotomia. Na verdade, está apreciando a vida e abrindo seu coração. Abrindo sua alma, seu espírito e sua mente para essa consciência expandida em que aprecia as riquezas da vida em um grau que, em outro estágio, você nunca poderia imaginar. Este é um lugar poderoso para se estar. Um lugar glorioso. Dê-lhe as boas-vindas. Aprecie-o.

Chafurde-se nele. Desfrute-o. Este é um grande momento – um ótimo momento.

Sinais de que você não está no momento

Vamos examinar alguns sinais de que você deixou o momento. Falei sobre estar no presente e algumas pessoas podem pensar – ou você pode pensar – que estão no presente, mas talvez isso seja uma ilusão. Por exemplo, conheço um homem que guarda um monte de coisas em sua garagem. Ele está apenas se agarrando ao passado. Está tudo empilhado ali. Outra pessoa que conheço juntou muitas coisas para dar no futuro, e tudo isso também está empilhado. Está olhando para o futuro, esperando o futuro acontecer para ser liberado e partilhado.

Sempre que você está com medo ou preocupado, está partindo do passado. Projetando no futuro o que aconteceu no passado. Isso significa que não está no presente. Eu já disse, mas talvez valha a pena repetir: quando você realmente está no presente, tudo está bem.

Essa é uma das coisas mais maravilhosas a lembrar. Se você está preocupado, é devido a um pensamento. Você pode liberar esse pensamento, mudá-lo ou olhar para ele e pensar "Provavelmente esse pensamento pertence ao passado, baseia-se em algo que ocorreu muito tempo atrás e estou projetando no futuro que acontecerá de novo, por isso estou preocupado".

Se você olha além disso tudo e percebe que agora, neste momento, tudo está bem, voltou para seu centro de poder. Seu centro de poder está em seu corpo e seu corpo está neste momento. Que ótimo modo de descobrir se você o deixou mentalmente para ir para o futuro ou para o passado.

O devaneio, por exemplo, poderia fazer isso. Não estou dizendo que há algo errado em devanear, porque isso é útil em estágios anteriores, mas neste ponto estamos falando sobre *despertar*.

Quando você devaneia, seu ego explora possibilidades que poderiam agradá-lo no futuro; mas se você volta para o presente e dá a mão ao Divino bem aqui, agora, percebe que não precisa de mais nada. Gostaria de ter outras experiências, e elas virão e serão agradáveis, mas se permanecer neste momento, descobrirá que seus devaneios realmente limitam o que é possível para você. O próprio Divino lhe trará mais do que você poderia imaginar, desde que você permaneça aqui, no momento em que o Divino realmente está.

Devaneios são como rodinhas de bicicleta

Se você viu *O segredo,* ou está pensando em estágios anteriores neste processo de despertar, pode se sentir um pouco confuso, porque eu acabei de dizer "Não devaneie" e, contudo, a Lei da Atração, Nevilizar seu Objetivo e o próprio *O segredo* têm a ver com visualizar algo que você deseja, especialmente o resultado final.

Bem, quero salientar que isso é útil em estágios anteriores da iluminação. Mas, quando você chega a este quarto estágio, isso não é mais necessário. É um pouco como estar na primeira série. Você poderia precisar de lápis de cor e papel para realizar algo, mas quando está na sexta série, se formou e está na escola de pós-graduação, não precisa mais daqueles lápis de cor da primeira série.

É um pouco como aprender a andar de bicicleta. Quando você é um garotinho e começa a aprender a pedalar, a bicicleta tem rodinhas. Você realmente não precisa dessas rodinhas, mas como está aprendendo a andar no mundo ou, nesse caso, a pedalar no mundo, elas vêm a calhar. Depois que você aprende a manter o equilíbrio, pedalar e assim por diante, tira as rodinhas. É o que acontece aqui.

No Quarto Estágio, você não precisa das rodinhas. Não precisa sentir o futuro e implorar ao universo para lhe dar algo em particular. Isso ocorre em estágios anteriores. No estágio de vítima, você poderia usar algo desse tipo. No Segundo Estágio, Aumento de Poder, você entende de imagens e assim por diante. Mas quando chega ao Terceiro Estágio, Rendição, começa a deixar isso para lá. Começa a compreender que está se rendendo ao Divino, que sabe mais e lhe reserva mais do que você poderia imaginar.

Quando você chega ao Quarto Estágio, não faz nenhuma dessas coisas dos estágios anteriores, porque agora é um só com o Divino. Realmente acha que Deus precisaria se sentar, imaginar e sentir algo para fazê-lo acontecer? É daí que você está partindo. *O segredo,* a Lei da Atração e *Criando riqueza e prosperidade – O fator de atração* são úteis em estágios anteriores. Agora você transcendeu isso.

Modos de ajudá-lo a passar pelos quatro estágios

1. Reúna seus momentos de satori

Lembre-se de que os quatro estágios são (1) Vítima, (2) Aumento de Poder, (3) Rendição e (4) Despertar.

Para ajudá-lo a passar por esses estágios – porque provavelmente você escorregará um pouco neles até realmente se firmar e, por meio da graça divina, despertar –, escreva suas ideias. Há um motivo para isso. Como já disse, você obtém mais daquilo em que se concentra.

Em sua escrita, vamos nos concentrar em alguns momentos maravilhosos que você teve e possivelmente foram experiências de satori, em que vislumbrou o Divino. Talvez tenha sido quando viu uma linda criança lhe sorrindo. Talvez tenha sido na natureza, quando viu um animal, uma árvore, ou uma folha levada pelo vento. Talvez tenha sido em um evento esportivo, onde algo mágico aconteceu no momento certo e houve um despertar dentro de você. Talvez tenha sido algo que você leu. Ler frequentemente pode fazer isso. Fez para mim muitas vezes. Talvez tenha sido resultado de uma meditação. Há muitas meditações diferentes. Talvez tenha sido causado por algo que você fez no passado. Talvez ao ler este livro você tenha tido um momento ou vários momentos de "Aha".

Eu o convido a escrevê-los. Relacioná-los. Descrevê-los. Ancorá-los. Antes de mais nada, você está dizendo à sua mente que quer mais disso. Está convidando mais disso a ser parte de sua experiência. Lembre-se de que aquilo em que você se concentra expandirá. Portanto, concentre-se em seus momentos de satori, naquelas experiências maravilhosas em que se sentiu, pelo menos por um instante, uno com tudo. Faça isso agora.

2. Peça ajuda aos mestres

Outra coisa que quero que você faça é pedir aos grandes mestres do mundo, vivos ou já falecidos, que o tornem aberto, o aconselhem e o conduzam a esse estado de despertar. Estou falando sobre Jesus,

Buda, Gandhi, Madre Teresa e as grandes deusas e deuses hindus. Há uma longa lista deles. Você não precisa conhecê-los. O que está fazendo é atrair sua energia.

No momento, simplesmente feche os olhos e diga esta oração, em silêncio ou em voz alta: "Por favor, mestres do mundo" – ou diga seus nomes se os conhecer –, "por favor me guiem, me preparem e me mostrem o caminho para o despertar."

Independentemente do que eles digam, do que você sinta que dizem ou dos empurrões, dos símbolos ou das afirmações que receber, anote tudo. Talvez você reflita sobre isso. Talvez comente. Mas receba bem. Tudo é parte da sua preparação para o despertar.

3. Faça uma lista das coisas pelas quais é grato

Já falamos um pouco sobre gratidão. Faça uma lista de todas as coisas pelas quais é grato. Se você expressou visivelmente sua gratidão por meio de música, poesia, escultura ou algo mais, pode escrever sobre isso. Vá em frente e ancore a experiência de gratidão, passando-a para o papel.

4. Medite diariamente

Mais uma vez, quero lembrá-lo de meditar. É muito útil meditar por cinco ou dez minutos todos os dias. Como já disse, você pode meditar caminhando enquanto segue com sua vida diária, tornando-se consciente de seus pensamentos, seus sentimentos e seu corpo. Também pode arranjar um tempo específico – de cinco, dez, 15 minutos ou o que for possível – para meditar.

5. Perceba o que está acontecendo

Eu o convido a registrar o que acontece. Como você se sente? Você nota uma diminuição do estresse? Sente-se mais feliz? Sente-se mais criativo? Parece ter momentos de satori, mais vislumbres de iluminação? Use sua escrita como uma ferramenta para ajudá-lo a criar condições para se tornar desperto.

6
O Milionário Desperto

Você deseja se conscientizar de seus pensamentos, escolhê-los cuidadosamente e se divertir com isso, porque você é a obra-prima de sua própria vida. É o Michelangelo de sua própria vida. O Davi *que você está esculpindo é você. E você faz isso com seus pensamentos.*

– Joe Vitale

Apresentação de Joe

Peter: Olá, eu sou Peter Wink, ex-vice-presidente de marketing da Hypnotic Marketing Inc. Quero lhes dar as boas-vindas a este segmento de entrevista especial em *The Awakened Millionaire*. Quero apresentá-los a um convidado muito especial. Ele é autor de muitos best-sellers, inclusive *A chave, Limite zero, Criando riqueza e prosperidade – O fator de atração, There's a Customer Born Every Minute, Hypnotic Writing, Buying Trances, Life's Missing Instruction Manual* e seu último best-seller, *Inspired Marketing*.

Ele também produziu vários programas de áudio e DVDs, inclusive *The Missing Secret, The Power of Outrageous Marketing*, e um livro e um programa totalmente novos chamados *O curso do despertar*. Foi entrevistado duas vezes em *Larry King*, apareceu em *The Big Idea with Donny Deutsch*, participou do famoso filme *O segredo*, assim como de *The Opus, The Leap*, e *Try It on everything*. Ele até mesmo possui um dos websites mais populares na internet, www.mrfire.com.

Então, quero apresentar o autor de best-sellers e homem que me orgulho de chamar de amigo, dr. Joe Vitale. É ótimo ter você aqui, Joe.

Joe: Olá, Peter. Como está você?

Peter: Eu estou ótimo. E você?

Joe: Ótimo. Podemos começar.

O que ser um "Milionário Desperto" significa para você?

Peter: OK. Joe, você fala sobre o que chama de *milionário desperto*. Pode, por favor, explicar o que significa ser um milionário desperto?

Joe: Bem, a resposta curta é que significa não se preocupar com dinheiro. A resposta longa é: estar em paz consigo mesmo e com suas finanças, realizando algo que faz diferença em sua vida, em sua comunidade e em seu mundo. Realmente tem tudo a ver com estar tranquilo e em paz – puro e livre em relação a dinheiro.

Peter: Você escreveu um livro chamado *Adventures Within* que, a propósito, é absolutamente fenomenal. De fato, gostaria que o promovesse mais. Provavelmente sou uma das poucas pessoas que teve a chance de lê-lo inteiro. Você fala sobre o que só posso descrever como uma das jornadas mais incríveis através da vida. Fale-me sobre seu passado, sobre como deixou de ser sem-teto e se tornou um autor de best-sellers financeiramente independente.

A história de Joe: de sem-teto a Milionário Desperto

Joe: Peter, afinal de contas de quanto tempo dispomos? Essa é uma história longa. Vou lhe apresentar a versão resumida. Nasci em Ohio. Trabalhei em ferrovia durante a maior parte da minha vida. Saí de Ohio quando passei a viver do seguro-desemprego, e fui para o Texas. Mas houve uma reviravolta fatídica e fiquei desempregado. Depois me tornei sem-teto durante algum tempo. Não falava sobre isso porque era constrangedor e traumático. Realmente fui para Houston e vivi na pobreza por uns dez anos. Tive que trabalhar muito em mim mesmo. Muitas purificações de crenças e questões de autoestima estavam em jogo. Eu continuava querendo ser um autor. Continuava a me concentrar em ser um autor. Tive uma peça produzida em 1979. A maioria das pessoas não sabe disso. Da entrevista de *Robert Bivins.* Na época, me conquistou um prêmio da University of Houston, mas não me fez ganhar dinheiro e logo voltei para as ruas.

Isso não acontece da noite para o dia

Joe: Tive muitos desapontamentos e, enquanto continuava a ler livros sobre aperfeiçoamento pessoal e a trabalhar em mim mesmo – graças a Deus pelas bibliotecas, onde pude ler livros como *The Magic of Believing* e *Pense e enriqueça* –, começou a haver uma pequena mudança. Isso não acontece da noite para o dia, Peter. Tive que trabalhar muito nesse sentido durante uns trinta anos. Somente em 1984 tive meu primeiro livro publicado e, mesmo então, percebi que os editores não sabem vender livros. Realmente tive que aprender sobre marketing e redação de publicidade e propaganda, porque o primeiro cliente que tive como profissional de marketing fui eu.

Quando tornei meu primeiro livro bem-sucedido de um modo conservador, comecei a obter clientes e a me tornar conhecido em Houston. Estava indo bem, mas, quando surgiu a internet, comecei a repetir nela o que fizera em Houston. Isso me trouxe ainda mais clientes.

Acho que um momento bastante decisivo foi quando surgiram os e-books, e dou total crédito a um homem chamado Mark Joyner, que me ajudou com meu primeiro e-book. Quando percebi quanto dinheiro os e-books podiam trazer – e comecei a ganhar muito dinheiro on-line – logo escrevi mais 17. Enquanto isso, comecei a contar a história sobre ser um profissional de marketing espiritual e como sempre usava abordagens de dentro para fora – não só no marketing como também em minha vida.

Saindo do armário do medo

Joe: Eu estava preocupado com isso. Achava que as pessoas ririam de mim. Acabei publicando um livro chamado *Spiritual Marketing*, que foi, por assim dizer, minha "saída do armário" como um *milionário desperto*, porque eu aplicava princípios espirituais aos negócios e o mundo dos negócios adorou isso. O livro se transformou em *Criando riqueza e prosperidade – O fator de atração*, e se tornou um best-seller na Amazon, motivo pelo qual acabei no filme *O segredo*. De *O segredo*, fui para *Larry King* e *Donny Deutsch* e depois *The Opus* e *Try It on Everything*, *The Leap* e outros filmes, além de fazer mais programas de TV, mais livros e assim por diante. Essa é a resposta longa.

Então há a resposta curta porque todos me perguntam: Como você deixou de ser sem-teto e se tornou milionário? Como deixou de ser um desconhecido e se tornou mundialmente famoso? Como deixou de ser um joão-ninguém e apareceu em filmes e na TV? Bem, eu insisti em perseguir um sonho.

Peter: Interessante. Então, o sucesso da noite para o dia demorou trinta anos.

Joe: Quando olho para diferentes biografias e descubro pessoas que alcançaram o "sucesso da noite para o dia", começo a dissecar e o que parece da noite para o dia frequentemente levou uns vinte anos. Eu aprendo devagar, por isso, no meu caso, demorou um pouco mais.

Peter: Quando se deu seu despertar?

Despertar de ser vítima

Joe: Essa é uma pergunta maravilhosa. Houve muitos despertares em minha vida. Criei *O curso do despertar* para ajudar as pessoas a entenderem que passamos por diferentes estágios na vida. O estágio em que fiquei parado e em que muita gente ainda está parada é o de vítima. Quando eu estava nas ruas, certamente me sentia uma vítima, e quando fui pobre durante dez anos em Houston certamente me senti vítima, e essa é uma posição difícil porque é você contra o mundo. Você realmente se sente só, vulnerável, indefeso e desesperançado.

Isso é um problema, mas realmente acho que meu despertar começou com livros como *The Magic of Believing, Think and Grow Rich* e todos os livros de autoajuda e psicologia que estava lendo. A biblioteca pública me dava livre acesso a eles, o que me fez despertar para a ideia de que realmente podia ter mais poder e mais controle sobre minha vida do que jamais tivera.

Essas coisas me afetaram, me puseram em um caminho. Além disso, também acredito muito em treinamento. Até comecei meu próprio programa *Miracles Coaching* porque ter um treinador foi definitivamente decisivo em minha vida. Pude ver meu próprio sistema de crenças e depois tive alguém que acreditou em mim quando eu mesmo não acreditava. Realmente acho que o treinamento é uma ferramenta crítica para a vida profissional de qualquer pessoa, e certamente foi uma mudança para mim.

Peter: Ouvindo você falar, lendo seus livros e várias histórias de pessoas que dizem que os pais foram em parte responsáveis por onde chegaram em suas vidas, fico curioso. Enquanto você crescia, quais eram seus pensamentos sobre dinheiro e como eles moldaram o início de sua vida? Eles tiveram influência?

Joe: Ah, eles sempre tiveram influência. Isso é parte do que eu ensino às pessoas: que, enquanto cresce, você é programado por seus pais, pela sociedade, pelo sistema escolar, pelo governo, pela mídia, pela religião, por tudo. O que não é feito com nenhum tipo de intenção ou finalidade negativa, mas acontece quase de um modo inconsciente. Certamente também aconteceu comigo.

Vi meu pai sustentando uma família de quatro pessoas. Ele era o único que trabalhava, porque essa era a mentalidade da época. Ele chegava em casa estressado, mal-humorado e zangado, porque não conseguia pagar todas as contas. Passamos por períodos em que meus pais contavam quanto papel higiênico nós, crianças, podíamos usar, e ouvi conversas que indicavam que não havia, e nunca haveria, dinheiro suficiente. Então isso se tornou parte da minha programação.

Não fui o único a ser programado dessa maneira. Todos nós passamos por isso. Provavelmente você passou. Os pais ouvem falar sobre carência e limitação e isso parece muito real para eles. Passam-no para crianças impressionáveis, como eu e você e, em alguns casos, levamos isso até a sepultura. Felizmente, há livros, programas de áudio, CDs e coisas que o ajudam a despertar. Esse é meu objetivo hoje. Estou tentando despertar as pessoas para o fato de que elas podem transcender todas as suas limitações, inclusive o tipo de programação financeira que eu tive (e muitas outras pessoas tiveram).

Peter: Estou feliz por ter podido assistir a essa espécie de pré-lançamento de seu *Curso do despertar* e ouvi-lo discutir um tema realmente profundo. De fato, esse é um dos temas mais profundos do qual já ouvi falar. Sobre como as pessoas ficam paralisadas numa mentalidade de vítima. Pode descrever como elas sabem se são vítimas? Como você se sentiu como vítima, e como isso funciona?

Os sinais da mentalidade de vítima

Joe: Sim, essa é uma ótima pergunta. O modo mais fácil de saber é: quando algo está dando errado em sua vida, quando parece que ela não está seguindo o rumo certo, há obstáculos no caminho, acidentes, problemas e dívidas, quem você culpa? Na maioria das vezes, culpa outra pessoa. Quando você tem mentalidade de vítima, não assume a responsabilidade. Toma algumas atitudes, mas não assume a total responsabilidade. Olha ao redor e diz: "Ah, se eu tenho esse problema, a culpa é do vizinho; do governo; do presidente; do meu chefe; da minha família; de meus pais por terem me criado assim. A culpa é deles."

Você olha ao redor e aponta dedos. Quando faz isso, faz o papel de vítima. Faz esse papel sempre que acha que "eles" (sejam quem *eles* forem) estão contra você ou controlando seu bem-estar, as regras e regulamentações da sua vida, controlando o sistema político. Sempre que você diz "eles" e aponta dedos, sempre que culpa e responsabiliza os outros, está claramente com mentalidade de vítima.

Quero acrescentar que praticamente todos nós a temos. Podemos despertar em algum ponto e entrar no segundo, no terceiro ou até mesmo no quarto estágio, mas na maior parte do tempo temos mentalidade de vítima porque a grande maioria da humanidade parece se sentir vitimizada. Ouvimos isso na mídia, o que o reforça; ouvimos isso do governo; ouvimos isso não importa onde estejamos. Então, está por todos os lados ao nosso redor.

Peter: Se estou entendendo bem, e me corrija se não estiver, você está dizendo que sempre que culpamos algo fora de nós mesmos estamos no papel de vítima. Estamos agindo com mentalidade de vítima.

Joe: Sim, quando você está culpando, está sendo vítima. Você precisa assumir a responsabilidade. Digo às pessoas que, seja qual for o problema, isso não é sua culpa, mas é sua responsabilidade. É uma frase importante e vou repeti-la porque realmente quero que fique gravada na mente das pessoas: não é sua culpa, mas é sua responsabilidade.

Responsabilidade leva a poder

Joe: Quando algo estiver dando errado e você tiver algum tipo de problema, pense que vivemos numa época de muito estresse, portanto não deve se punir e nem se sentir culpado. Mas aquilo está em suas mãos, na sua cara, e você tem que fazer algo a respeito. Digo para *assumir a responsabilidade.* Quando você a assume, deixa de ser vítima. Agora tem poder. Está assumindo o controle. Seguindo em frente. É isso que você quer fazer.

Peter: Isso é interessante, meu amigo. Eu o conheço há mais de dez anos e tenho acompanhado sua jornada. Não sei se alguém a conhece melhor do que eu. É engraçado. Lembro-me de quando você dirigia um Saturn, depois foi um BMW personalizado e depois um exótico Panoz. Agora você está comprando todos os carros de celebridade em que consegue pôr as mãos. É inacreditável. Como suas finanças melhoraram? Foi algum tipo de mudança mental?

As mudanças mentais começam com um salto de fé

Joe: Foi uma mudança mental, mas acho que começou mais com um salto de fé. Lembro-me de quando fui comprar o Saturn. Eu dirigia carros caindo aos pedaços. Os tipos de carros que deixam você nervoso achando que vão enguiçar. Eu me sentia uma vítima naqueles carros. Se enguiçassem, certamente me sentiria ainda mais vítima, porque teria que lutar para conseguir dinheiro para consertá-los. Lembro-me de que queria um carro que fosse confiável e isso foi útil, porque estabeleci uma intenção. Acredito muito em estabelecer intenções. Escrevi sobre isso em meu livro *Criando riqueza e prosperidade – O fator de atração*, que me levou a um papel no filme *O segredo.*

Estabeleça uma intenção

Joe: Então, estabeleci a intenção de ter um carro confiável, seguro e barato. Não importava se ele seria bonito; queria que fosse, mas essa não era a principal prioridade. Era a segurança. Depois vinha a confiabilidade. Comecei a procurar carros e a ler sobre o novo Saturn, que estava sendo lançado na época. Foi muito tempo atrás, em Houston. Fui a uma concessionária e fiquei nervoso por alguns motivos.

Um deles foi que eu já havia sido vendedor de carros. Sabia que os vendedores eram treinados para mentir e manipular as pessoas, e eu odiava isso. Aprendi muito sobre psicologia humana. Aprendi muito sobre como as concessionárias de carros usados tradicionais podem ser, por isso fiquei nervoso ao ir à concessionária da Saturn. Também fiquei nervoso porque não tinha crédito nem dinheiro. Fui lá porque tive um treinador que me incentivou, dizendo: "Você devia ir lá e comprar o tipo de carro que quer, ou pelo menos tentar. Vá lá e veja o que acontece." Então, a primeira coisa que fiz foi estabelecer uma intenção.

Realize uma ação inspirada e depois deixe para lá

Joe: A segunda coisa que fiz foi agir. Lembro-me de ter ido à concessionária e visto aquele belo Saturn dourado. Era um cupê esportivo e me apaixonei por ele. Quis saber algumas coisas. O carro tinha toca-fitas? Isso era importante para mim naquela época. E o fato de o carro ter um toca-fitas comprova que foi há muito tempo.

Peter: Não era um de oito faixas?

Joe: Não.

Peter: OK, então o carro tinha toca-fitas.

Joe: Não chegou a ser no tempo dos oito faixas, mas foi no dos toca-fitas. Aquilo era importante, porque eu estava trabalhando em mim mesmo. Sempre que dirigia, ouvia as fitas de Nightingale-Conant que conseguia encontrar, portanto precisava saber que poderia ouvi-las e programar minha mente para o sucesso. Estava trabalhando nisso.

Bem, o carro tinha toca-fitas. Respirei profundamente e preenchi os formulários para ver se teria o financiamento aprovado – e tive. A concessionária queria que eu fizesse um depósito de reserva e eu estava tão nervoso e inseguro que não lhes daria nem um dólar. O vendedor disse:

– Bem, o carro pode ser vendido.

– Por mim, tudo bem. Só vou lhe entregar o requerimento. Telefone-me se o financiamento for aprovado. – E fui embora. Saí e fui tocar música com uns amigos. Esqueci-me totalmente daquilo até mais tarde, naquele dia, quando recebi um telefonema dizendo: "O financiamento foi aprovado."

– Tem certeza de que está falando com a pessoa certa? Realmente diz Joe Vitale no requerimento? Realmente diz aprovado? – gaguejei.

– Sim – ele respondeu. Comprei o carro, que foi o meu primeiro novo. Lembro-me de que, enquanto me afastava dirigindo, pensei "Tenho dinheiro para pagar uma prestação. Não tenho dinheiro suficiente para pagar a segunda". Pelo que me lembro, teria que pagar aquele carro durante uns quatro anos. Então, fui embora.

Veja os princípios aqui. Estabeleci intenção de ter aquele carro. Ainda não acreditava que o teria, mas tive um treinador que acreditou em mim, por isso estabeleci uma intenção. Fui encorajado por ele e agi. Fiz tudo o que me pediram para fazer e depois deixei para lá. Isso tudo faz parte do que ensino. E realmente comprei o carro.

Acredite mesmo se não estiver totalmente pronto

Joe: Agora, o engraçado nisso tudo é que todos os meses, quando a conta chegava, eu olhava para ela e pensava "Não tenho dinheiro suficiente". Contudo, sempre a pagava. Nesse caso em particular, a mudança mental a que você se refere teve muito a ver com fé. Quando acreditei e agi, as coisas começaram a dar certo.

Alguns anos depois, me cansei do Saturn e o troquei por um Saturn novo. Foi bem mais fácil comprar o segundo Saturn, porque meu crédito era bom, eu já tinha um Saturn, era um cliente da Saturn e, só para constar, as concessionárias da Saturn não são como as concessionárias de carros usados. Os carros são ótimos, as pessoas e as organizações de serviços são maravilhosas, mas em certo ponto era hora de eu dar um salto para a frente. A resposta para sua pergunta: teve muito a ver com ter intenção e fé, mesmo quando sentia internamente que não estava totalmente pronto.

O que é uma intenção?

Peter: Muito interessante. Você continua a usar a palavra *intenção.*

Joe: Sim.

Peter: Isso é realmente interessante. Você e eu sabemos o que é uma intenção. Falamos sobre isso o tempo todo. Li a esse respeito em todos os seus livros, mas seus atuais leitores provavelmente não sabem do que você está falando. Pode lhes dizer rapidamente o que é uma intenção?

Joe: Adoro intenções e falar sobre elas. Um dia assisti ao programa da Oprah. Não assisto muito, mas por acaso vi e foi um daqueles momentos sincrônicos em que ela disse: "A intenção governa o mundo." Gosto da Oprah. Ela sabe exatamente o que está acontecendo. A intenção é uma declaração de como você quer que as coisas sejam. É um pouco como um objetivo, mas mais claro do que um objetivo. Gosto de objetivos e de estabelecê-los, mas geralmente eles são motivados pelo ego. Já falamos tanto sobre objetivos que eles perderam um pouco de seu encanto. Falo sobre intenção porque parece muito mais poderoso do que estabelecer objetivos.

As intenções são declaradas mais ou menos assim: "Pretendo receber 5 mil dólares de uma renda inesperada nos próximos trinta dias"; "Pretendo obter mais trinta clientes nos próximos seis meses"; "Pretendo publicar meu livro." Como você pode ver, há muita energia e foco aqui. Há muita convicção em sua voz quando você diz *pretendo.* Quando você afirma uma intenção dessa maneira, está fazendo algumas coisas.

Alinhe sua mente e seu corpo na mesma direção

Joe: A primeira coisa que está fazendo é realinhar seu corpo e sua mente na mesma direção. Seu corpo e sua mente podem ir em direções diferentes. Nós temos subpersonalidades. Nosso corpo pode querer fazer uma coisa enquanto nossa mente consciente quer fazer outra. Eu costumava descrever isso dizendo que, se você entrasse em uma biblioteca pública sem ter a menor ideia do tipo de livro que estava procurando, andaria a esmo por todo o lugar. Mas se você entrasse na biblioteca pública e dissesse "Estou procurando o livro de Joe Vitale, *A chave*", iria direto para a seção e o livro certo. Não perderia tempo e energia. Saberia claramente qual era sua direção, seu foco e sua intenção.

Portanto, quando você afirma uma intenção, seu consciente, seu inconsciente e todos os seus sistemas físicos vão na mesma direção e algo mágico acontece. Isso é algo que o milionário desperto saberia. O que acontece é que você envia um sinal para o universo e ele se rearranja para tornar sua intenção realidade.

O universo responde ao seu claro sinal

Joe: De repente, você receberá um telefonema de alguém que não conhecia. Subitamente encontrará alguém, um total estranho, em uma cafeteria, uma livraria ou um seminário. Você terá uma ideia de fazer algo, abrir um negócio, escrever um livro, ir a um seminário. Independentemente de qual seja, sua intenção enviará um sinal para o universo em um nível magnético. Algumas pessoas conhecem a Lei da Atração, outras não, mas a ideia básica é a de que o que quer que você esteja sentindo internamente com honestidade atrairá a luz da experiência externa.

Portanto, a intenção é muito poderosa. Atua em múltiplas camadas e por isso aconselho as pessoas a terem intenções todos os dias, se não todas as horas. Por exemplo, as pessoas podem ler e dizer: "O que eu pretendo obter disto? O que quero obter do milionário desperto?" Você estabelece uma intenção e, adivinhe, a realiza, porque direcionou sua mente para seguir um alerta de radar. Buscar isso. A intenção é incrivelmente poderosa.

Examine suas crenças limitadoras sobre dinheiro

Peter: Agora quero ir um pouco para *Criando riqueza e prosperidade – O fator de atração,* seu best-seller. Você fala sobre haver outro modo de viver financeiramente. Tudo está centrado em suas crenças atuais sobre o dinheiro e como elas devem ser alteradas para haver uma mudança duradoura. Você pode explicar como as pessoas podem saber se elas têm crenças limitadoras sobre o dinheiro?

Joe: O modo mais fácil é se perguntar, você tem dinheiro ou não? A maioria das pessoas dirá que não, e a primeira mudança mental que precisam fazer é perceber que *de fato* o têm. Realmente têm um pouco de dinheiro: algum tipo de transporte, casa ou apartamento para viver, um teto sobre suas cabeças, roupas, emprego, renda ou seguro-desemprego.

Tudo isso conta como dinheiro, e se elas o desprezam provavelmente partem de uma mentalidade de carência e limitação. Partem de uma mentalidade de vítima, enquanto o milionário desperto parte de uma mentalidade de abundância. Essa pessoa olha ao redor e percebe, em primeiro lugar: "Eu posso querer mais, mas de fato tenho bastante. Posso querer um carro maior, melhor ou mais rápido, uma casa maior ou mais luxuosa, um trabalho mais lucrativo, ter meu próprio negócio e várias coisas." Mas o milionário desperto de fato percebe: "Estou me saindo bem. Realmente sou rico, estou bem", e se sente grato por isso. Os milionários despertos são felizes agora, mesmo querendo mais.

Purifique as crenças limitadoras ou conflitantes

Peter: Estava lendo seu livro *A chave*, e você passa grande parte do tempo discutindo o conceito de purificar. Pode explicar o que isso significa e se é parte de se tornar desperto?

Joe: Bem, adoro essa pergunta porque esse é um tema muito importante, do qual acho que as pessoas não estão falando. Há muitos livros e seminários de autoajuda, e todos os tipos de ferramentas e recursos disponíveis. Mas, enquanto as pessoas não se purificarem internamente, não realizarão os próprios sonhos ou, pelo menos, não todos eles. Algumas coisas serão mais fáceis, dependendo se existem bloqueios internos ou não. É isso que você tem que purificar ou limpar.

Meu melhor modo de explicar como isso funciona é pedindo às pessoas para pensarem em 1º de janeiro, o primeiro dia do ano, e nas resoluções de Ano-Novo que provavelmente tomaram. A maioria *não* diz coisas como "Vou começar a usar heroína amanhã". São muito bem-intencionadas em suas resoluções de Ano-Novo. Querem ir à academia três vezes por semana; começar a namorar mais; procurar outro emprego; fazer algo saudável e positivo para si mesmas.

Bem, por que elas não dão continuidade a nada disso? O que acontece no dia 3 ou 7 de janeiro, às vezes no dia seguinte ou na mesma tarde? Elas se esquecem de suas intenções. Por quê? Em um nível consciente, tiveram intenções muito positivas: "Vou me exercitar mais." Em um nível inconsciente, tiveram intenções conflitantes que as impediram de se exercitar mais – e o sistema operacional mais poderoso do corpo é a mente inconsciente.

Nesta entrevista, temos nos concentrado no dinheiro. Muita gente diz que quer mais dinheiro e se concentra nisso. Estabelece objetivos. Pode até mesmo estabelecer intenções de ter mais dinheiro. Por que não o tem? Inconscientemente, tem crenças conflitantes, como "o dinheiro é ruim, o dinheiro é diabólico, o dinheiro me tornará ganancioso, as pessoas ricas são esnobes, as corporações muito ricas não fazem nada além de prejudicar a humanidade".

Crenças não são fatos

Joe: Tudo isso são crenças, crenças negativas. Não são fatos; são opiniões, crenças. Crenças negativas, que, internamente, impedem que o dinheiro entre em suas vidas.

Peter: Então as pessoas tendem a achar que o dinheiro é a origem do mal. Podem estar carregando esse conceito e têm que purificá-lo totalmente. É isso que está dizendo?

Joe: Sim. O dinheiro em si mesmo é neutro, é papel e moeda. Aprendi que o dinheiro pode fazer uma enorme diferença em sua vida, na vida das pessoas ao seu redor, na de sua família e de seus amigos, em sua comunidade e no próprio mundo. O dinheiro é uma ferramenta poderosa e útil, mas *nós* lhe damos significado e, se você achar que ele é ruim e diabólico, não o desejará. Você pode dizer conscientemente, durante todo o dia, que o deseja, candidatar-se a empregos e abrir novos negócios, mas ainda o afastará, porque acha que ele é ruim. É isso que você tem que purificar.

Peter: Pode dar um exemplo de sua própria vida de alguma crença que tinha sobre o dinheiro? Como exatamente se livrou dela? Como se livrar de uma crença do passado?

Joe: Ah, você quer ir fundo?

Peter: Muito fundo...

Escassez é uma crença de vítima

Joe: Gosto do desafio que você me lançou. OK. Em primeiro lugar, as pessoas acham que falta dinheiro, que não há o suficiente dele em circulação, que há escassez. Esse é um pensamento de vítima. O milionário desperto não o tem. Ele sabe que há dinheiro mais do que suficiente para todos. Há abundância. Durante um longo tempo, fui como todas as outras pessoas, achando que havia escassez. Por esse motivo, durante um longo tempo achei que quanto mais dinheiro eu gastasse, menos teria, e isso parecia real para mim. Essa é a natureza das crenças. Você nem mesmo sabe que isso é uma crença. Parece realidade. Você olha ao redor e pensa: "Bem, acabei de gastar esse dinheiro, então, obviamente, não o tenho mais. Ele se foi." Parece que isso é verdade, que você chegou a um beco sem saída. Você pensa "Essa é a minha realidade, é assim que funciona", mas é uma crença.

Quando finalmente parei, porque tive um treinador que me encorajou a parar e examinar minhas crenças, examinei-a e comecei a questioná-la. Percebi que era um julgamento sobre minha vida, minha renda, dinheiro e riqueza. Não era necessariamente um fato. Parecia um fato porque eu acreditava sem questionar, e é assim que a maioria das pessoas opera.

Questione suas crenças

Joe: Temos crenças que nunca questionamos, e elas surgem em nossa vida como a realidade que atraímos. Finalmente, questionei a premissa e perguntei: "É verdade que quanto mais dinheiro eu gasto, menos dinheiro tenho?" A princípio respondi que sim. Era o que parecia. Então fui mais fundo. Perguntei: "Você acredita nisso?" e pensei "Bem, esse sempre foi o caso. Sempre foi em todo o meu passado". Sempre que eu gastava dinheiro, ele se ia. Não havia mais. Então, indaguei: "OK, acredito que o passado será igual ao futuro?" Isso me fez parar, porque percebi que uma crença do passado não tem necessariamente que ser uma crença do futuro. Ela podia mudar.

Faça uma nova escolha

Joe: Bem, isso interrompeu meu padrão de pensamento. Naquele momento, tive escolha. Examinei tudo aquilo: "No que eu preferiria acreditar se pudesse acreditar no que quisesse?" Estou começando a me sentir mais poderoso agora. Não sou mais uma vítima. Se pudesse escolher, o que preferiria? Pensei: "Preferiria a crença de que quanto mais dinheiro eu gasto, mais dinheiro recebo."

Anotei, pensando "Isso é bom", e comecei a senti-lo em meu corpo. Sentei-me ereto, senti mais energia e entusiasmo, provavelmente sorri mais e meus olhos brilharam.

Peter: Espere, você diz: "Quanto mais dinheiro eu gasto, mais dinheiro recebo." Acho que é um conceito difícil de se entender.

Joe: Sim, é um conceito difícil quando você ainda acredita que quanto mais dinheiro gasta, menos dinheiro tem.

Peter: Então, essa é em si uma crença limitadora.

Mude a crença, mude a realidade

Joe: Totalmente. Trata-se de uma das ferramentas mais poderosas. As pessoas deviam começar a ouvir o milionário desperto, porque a única coisa que impede que elas atraiam dinheiro, milhões, riqueza, seja o que for, é uma crença. Só isso. Uma crença. Se você muda a crença, muda a realidade. Se você muda suas crenças negativas sobre dinheiro, começa a atrair dinheiro. É simples e profundo assim.

Peter: Certo, estamos falando sobre atrair dinheiro, mas agora vou lhe fazer uma pergunta difícil, Mr. Fire*.

Joe: Vá em frente.

A Lei da Atração é somente o começo

Peter: No filme *O segredo*, seu personagem faz uma afirmação realmente corajosa, que citarei. Eu a anotei para não me esquecer. "O universo gosta de velocidade. Quando a oportunidade chegar, quando o impulso chegar, quando a cutucada intuitiva vinda de dentro chegar, aja. Esse é o seu trabalho e tudo o que tem que fazer." Pode explicar por um minuto por que agir é tão importante para se tornar um milionário desperto?

De fato, se estou bem lembrado, você foi o único mestre de *O segredo* que apareceu em *Larry King Live* e falou corajosamente: "A Lei da Atração é somente o começo. Há muito mais nisso." O que exatamente você quis dizer?

Joe: Bem, acho que quis dizer o que disse. Em primeiro lugar, a Lei da Atração é um começo. *O segredo*, tanto o filme quanto o livro, e até mesmo meus próprios livros, como *Criando riqueza e prosperidade – O fator de atração*, simplesmente apresentam a ideia da Lei da Atração. Não a explicam em profundidade; não a esclarecem o suficiente para você ser capaz de sair no universo e realmente trabalhar com ele. É por isso que alguns a criticam.

---

*Apelido de Joe Vitale, que significa literalmente "sr. Fogo". (N. da T.)

Muita gente segue a Lei da Atração tal como aprendeu em *Criando riqueza e prosperidade – O fator de atração* ou em *O segredo* e diz que não funciona. A verdade, e esse é o nível de pós-graduação na Lei da Atração, é que ela funciona; sempre funciona, como a lei da gravidade. A Lei da Atração é definitiva. É uma lei universal, mas funciona em um nível inconsciente. O que você atrai se baseia no que você acredita inconscientemente, não no que afirma ou acredita conscientemente. Essa é a grande diferença-chave.

Duas partes: a sua e a do universo

Joe: A outra parte, a primeira parte que você citou, é sobre agir, e isso é de fundamental importância. Muita gente não está agindo. Está sentada, visualizando, meditando, dando-se as mãos e cantarolando, imaginando que o novo carro, os milhões e a abundância surgirão, mas não surgem. Não surgem porque elas não fizeram nada. Manifestar algo, tornar-se um milionário desperto ou o que você deseja depende de cocriação. Você tem que fazer a sua parte. O universo e o resto do mundo farão a parte deles se você fizer a sua. Esse é outro elemento.

O universo gosta de velocidade

Joe: Há outro elemento. As pessoas me perguntam como sou tão prolífico e produtivo. Escrevi mais de cinquenta livros e todos os tipos de artigos, produzi DVDs e programas de áudio, apareci em filmes, tenho muitos projetos em andamento, faço seminários e palestras e as pessoas me perguntam se alguma hora eu durmo. Como faço tudo isso?

Há um grande segredo, e o milionário desperto o conheceria. Quando você recebe uma ideia para um produto, um serviço, um negócio, o que for, isso é uma dádiva. Uma dádiva do Divino. De Deus, se preferir. É uma dádiva do universo. Independentemente de a quem você atribui, é uma dádiva. Eu a trato com respeito. Percebo que a recebi e que outras pessoas podem tê-la recebido ao mesmo tempo. É assim que o universo parece funcionar, e meu trabalho é agir o melhor possível, de acordo com tudo isso, nesse exato momento, por dois motivos.

O segredo é agir agora

Joe: O primeiro motivo é que, quando uma ideia vem, traz com ela uma sensação de exuberância. Você fica empolgado. Entusiasmado. Diz: "Ah, meu Deus, tive uma ideia." Uma luz se acende. Você sente a eletricidade. Quer agir agora, porque pode usar essa energia para implementar a ideia. Esse é um grande segredo.

O que a maioria das pessoas faz? Anotam a ideia e dizem que pensarão sobre ela na semana seguinte, no mês seguinte, no ano seguinte – a escrevem em seu livro de ideias. Frequentemente, eu diria que em 99,9% das vezes, nunca mais pensam nela, e se realmente pensam não têm mais energia para implementá-la. Ela se foi. A energia vem quando a ideia vem. Portanto, sempre que posso, paro e ajo imediatamente.

Se você não fizer, outra pessoa fará

Joe: Há outro motivo para agir agora. Aprendi que não importa quem me enviou essa dádiva – se foi o Divino, o universo ou minha mente inconsciente –, também a enviou para pelo menos outras cinco ou seis pessoas. Isso ocorre porque o universo aprendeu que nem todos implementarão a mesma ideia. Para se resguardar um pouco, o universo dá a ideia para cinco ou seis pessoas; assim, a primeira a implementá-la ganhará milhões. O milionário desperto sabe que tem que agir. Você tem que agir agora, fazer isso imediatamente, porque, se não o fizer, outra pessoa o *fará.*

Isso não é ruim, porque você pode estar atrás no jogo e ainda ganhar dinheiro com ele. Contudo, tradicionalmente, no marketing – e entendo um bocado de marketing – o primeiro a entrar no mercado é quem ganha mais dinheiro e fama. Todos esses são motivos para a *cocriação*, e você tem que entender os níveis mais profundos de como isso funciona para manifestar qualquer coisa.

O primeiro a agir ganha dinheiro

Peter: Eu não planejava lhe pedir isso, mas já que você tocou no assunto, conte a história do DVD sobre o qual alguém lhe perguntou e que você já estava produzindo nos fundos de casa. Não me lembro de todos os detalhes, mas sei que pode contá-la realmente bem. Tem uma ligação direta com a Lei da Atração, com ganhar dinheiro e como você acabou lucrando muito; alguém estava falando sobre isso, mas *você* estava fazendo. E, se me lembro bem, fez rapidamente. Colocou no mercado em uma questão de horas, de dias. Conte-nos sobre isso.

Joe: Estou surpreso com sua memória. Você se lembra de todas essas coisas, não é? Em primeiro lugar, está absolutamente certo. Certa vez, tive ideia para um DVD, sentei-me, discuti-a com um amigo e resolvemos: "Vamos fazer isso logo." Ele veio à minha casa, fomos para o quintal dos fundos e criamos um DVD chamado *Subliminal Manifestation*, e essa gravação em particular foi chamada *Attracting Wealth.*

Peter: Essa ideia surgiu de modo inesperado?

Joe: Totalmente.

Peter: Certo.

Joe: É assim que as ideias surgem. Pela graça divina. A fonte de inspiração as entrega, e você diz: "Obrigado por trazê-las."

Peter: O motivo para estar enfatizando isso é que todos nós temos ideias. Provavelmente tenho centenas delas por dia e não faço nada a respeito.

Joe: Bem, você está perdendo milhões ao ignorá-las.

Peter: É verdade!

Joe: Então, sim, tive uma ideia e convidei um amigo para ir à minha casa. Nós nos sentamos em um banco no quintal dos fundos, debaixo de algumas árvores, num dia quente e ensolarado do Texas.

Ele ligou uma câmera de vídeo e nós filmamos o DVD. A filmagem demorou duas horas. Portanto, o tempo que se passou desde que tive a ideia, meu amigo chegou à minha casa, filmamos o DVD e começamos a produzir uma cópia para colocar em um website provavelmente em 24 horas.

Enquanto estávamos ali filmando – e esse é o ponto forte da história a que você se refere – outra pessoa teve a mesma ideia. Ela me telefonou, mas não conseguiu falar comigo porque eu estava no quintal dos fundos filmando. Então, a chamada foi para o meu correio de voz. Quando fui ver minhas mensagens, já tínhamos terminado nosso produto. Tínhamos terminado o DVD *Subliminal Manifestation Attract Wealth*. Qual era o motivo do telefonema? Um amigo teve a ideia de fazer um DVD de manifestação subliminar sobre como atrair riqueza usando princípios da hipnose.

Peter: Literalmente, ele telefonou para falar sobre o que você estava fazendo, e você já havia terminado.

Joe: Exatamente.

Peter: Uau!

Joe: Há algumas lições aqui. A primeira é que, quando as ideias surgem, outras pessoas as têm. A segunda é que, se você não se apressar, outra pessoa agirá antes de você e ganhará dinheiro com isso. Nesse caso em particular, eu e meu parceiro é que ganhamos dinheiro.

Os milionários despertos correm com suas ideias

Peter: Estou sentado aqui, pasmo. Colocar um produto no mercado em 24 horas é, em si, notável. Mas a ideia de que você teve uma inspiração divina e a seguiu, deixou para lá, estabeleceu a intenção de vender imediatamente e ganhar dinheiro está ligada a tudo sobre o que estamos falando.

Joe: Esse é o meu lema. É assim que trabalho hoje em dia. Quando uma ideia surge, ajo muito rapidamente. Como sou voltado principalmente para a internet, muitas vezes consigo criar um website em 24 horas. Houve ocasiões em que acordei de manhã, tive uma ideia, passei para o papel, criei o website e, naquela mesma noite, estava dizendo às pessoas em minha lista: "Ei, tenho uma nova ideia. Vocês podem comprá-la aí."

Aprendi que o milionário desperto está atento a ideias e ao fato de que, quando elas surgem, é preciso agir. Esses são elementos importantes que a maioria das pessoas não conhecem e, se conhecem, não partem para a ação, o que é outra coisa que o milionário desperto faria: agir. Você deve colocar essas coisas em prática para atrair riqueza para sua vida.

A Lei da Atração não é suficiente

Peter: Então, basicamente, a Lei da Atração em si não é suficiente. Você tem que *agir*. Basicamente, as coisas que estamos atraindo para nós já existem? Como agora estamos abertos, deixando para lá, emitindo energia, estamos apenas despertando para elas? Em outras palavras, estamos vendo pela primeira vez coisas que sempre existiram, mas agora que mudamos nossas mentes, as observamos de um ponto de vista diferente? É basicamente isso?

É como quando alguém lhe pede para dizer o nome de tudo que é marrom em uma sala e você não teria notado essas coisas se não lhe fosse sugerido que se concentrasse nelas? Estou atraindo isso, ou isso sempre esteve ali?

O milionário desperto vê oportunidades em toda a parte

Joe: Rapaz, esse é um exemplo fantástico. Você está simplesmente se tornando consciente disso. Tudo já estava ali. O milionário desperta, olha ao redor e vê oportunidades em toda a parte.

Peter: Então, há milhões de oportunidades ao nosso redor. Elas estão aqui. Só temos que nos sintonizar com elas.

Joe: Na verdade, se olhar atentamente, há bilhões, mas primeiro estou passando apenas a ideia de milhões.

Peter: Logo vamos chegar a essa questão de bilionário versus milionário.

Joe: Certo.

Sua riqueza está escondida sob seu medo

Peter: Uma das coisas que realmente me fascina em você é que é multifacetado. Aprecia marketing, espiritualidade e carros. Essas são coisas diferentes. Gostaria de saber se pode nos dizer como a ação inspirada o tornou ao mesmo tempo um gênio do marketing e um autor de best-sellers. Sua história sobre como preencheu essa lacuna é incrível. Muita gente olha para Joe Vitale e diz: "Ah, ele é um homem de marketing." Outros dizem: "Ele é um guru da Lei da Atração." Mas você teve que se tornar um gênio do marketing para pôr no mercado seus livros sobre espiritualidade.

Primeiro você foi espiritual, mas realizou essa ação incrivelmente inspirada para preencher a lacuna e transmitir sua mensagem. Pode explicar esse processo por um ou dois minutos, o que estava pensando quando não conseguiu vender seu primeiro livro? Em que ponto houve essa mudança? Naquela época você não era um homem de marketing, certo?

Joe: Acho que a maior resposta que você procura aqui, e sobre a qual as pessoas poderiam refletir mais, é que enfrentei meus medos. Eu os enfrentei. Acabei dizendo às pessoas que a riqueza que procuraram provavelmente estava sob o que temiam. Tenho que repetir isso, porque é surpreendente. Profundo. *A riqueza e os milhões que você procura neste momento estão escondidos sob o que teme.* Isso é profundo.

Eu lhe darei um rápido exemplo. Já mencionei que um dos meus livros foi *Spiritual Marketing*, que mais tarde se tornou *Criando riqueza e prosperidade – O fator de atração*. Escrevi *Spiritual Marketing* como uma combinação do meu princípio espiritual com o de milagres. Foi uma introdução ao processo de cinco passos para atrair tudo o que você deseja – e eu o escrevi apenas para minha irmã.

Por que o escrevi apenas para ela? Sou muito próximo da minha irmã. Ela estava vivendo de seguro-desemprego, com os filhos doentes e o marido sem trabalhar. Eu me sentia mal por ela. Minha irmã morava a 3.218 quilômetros de distância e eu não podia vê-la regularmente. Pensei: "Deixe-me ir em frente, escrever este livrinho e enviar para ela." Foi o que fiz. Eu o escrevi, enviei para ela e isso fez diferença. Minha irmã deixou de viver de seguro-desemprego; seu marido está trabalhando; todos os seus filhos se formaram na escola secundária e foram para a universidade. Neste momento ela está se saindo muito bem.

Com o passar do tempo, dei meu livrinho para mais uma ou duas pessoas, sempre que me sentia seguro. Por que fazia isso somente quando me sentia seguro? Porque eu representava a American Marketing Association, e a Nightingale-Conant produzira um dos meus programas. Tinha medo. Estava preocupado com o que eles pensariam; estava preocupado com a minha própria lista de distribuição. O que meus clientes pensariam se eu aparecesse com um livro chamado *Spiritual Marketing*? Eles se espantariam porque eu estava falando sobre o mundo metafísico em vez de sobre o mundo do marketing. Ou talvez alguns gostassem de me ouvir falar sobre o mundo místico, mas detestassem me ouvir falando sobre o mundo do marketing. Parecia que eu só tinha a perder.

Contudo, finalmente enfrentei meus medos, graças a Bob Proctor, que me deixou sem graça na frente de 250 pessoas em um de seus eventos, quando ergueu meu livro e disse: "Joe escreveu *Spiritual Marketing*, que todos vocês vão querer." Percebi que as pessoas *realmente* o quiseram. Elas me cercaram. Queriam o livro. Eu o publiquei rapidamente, e o livro logo se tornou um best-seller na Amazon, duas vezes. O *New York Times* escreveu sobre ele. Mais tarde *Spiritual Marketing* se tornou *Criando riqueza e prosperidade – O fator de atração*, quando um grande editor o pegou e mudou o título. Enfrentando meus medos, toda uma carreira nova se abriu para mim. Devido a *Spiritual Marketing*, que se tornou *Criando riqueza e prosperidade – O fator de atração*, ganhei um papel em *O segredo* e todos aqueles outros filmes. Então, surgiram muitas oportunidades, mas elas não teriam surgido se eu tivesse ficado sentado em um canto, debaixo de um cobertor, dizendo: "Sou apenas um homem de marketing. Nunca poderei dizer às pessoas o que realmente gosto de fazer, que é marketing espiritual. Nunca poderei lhes falar sobre ser um milionário desperto. Qual seria a repercussão disso?" Eu tinha medo. Quando finalmente enfrentei meus temores, o dinheiro chegou. A abundância, a fama e a fortuna chegaram. Enfrente seus medos e você atrairá riqueza.

Aplique os cinco passos de *O fator de atração* aos problemas financeiros

Peter: Se alguém tiver graves problemas financeiros, qual é a primeira coisa que deve fazer e por quê?

Joe: A primeira coisa que deve fazer é estabelecer uma intenção sobre o dinheiro que deseja e ser o mais específico possível. Recentemente, soube de um bilionário que ganhou muito dinheiro estabelecendo a intenção sobre o que queria. Mas apenas dizer *dinheiro* não era claro o suficiente. Ele queria dinheiro, mas isso não é específico. Ele examinou a lista das 500 pessoas mais ricas do mundo, da *Forbes*, olhou para o último nome, viu quanto ganhou e disse: "Tudo o que eu tenho que fazer para estar na lista da *Forbes* é ganhar 1 dólar a mais do que essa pessoa."

A primeira coisa a fazer é estabelecer uma intenção muito clara, definitiva, concreta e mensurável. A segunda é notar o que surge. Em outras palavras, pode surgir: "Como isso é possível?"; "Como eu faço isso?"; "Eu mereço esse tipo de riqueza?"; "Essa riqueza realmente me fará mal?" Tudo isso são crenças, e essas e outras crenças que surjam têm que ser purificadas. Falo sobre isso em *O curso do despertar* – que purificar é a primeira coisa que você tem que fazer. Às vezes você precisa de um Treinador em Milagres para fazê-lo, às vezes pode fazê-lo sozinho. Mas tem que examinar suas crenças e livrar-se delas para tornar-se um milionário desperto.

A terceira coisa que você tem que fazer é agir. Já falamos sobre isso. Você tem que agir quando uma ideia surge; quando tiver o impulso de fazer algo, *aja.* Aja destemidamente, porque, como já mencionamos, provavelmente a riqueza está onde o medo está.

O poder do treinamento

Peter: Joe, quero mudar de assunto por um segundo. Sei que você é um grande fã do treinamento. Dirige sua própria organização, *Miracles Coaching*, ensinando as pessoas a atrair dinheiro e milagres para suas vidas. Pode explicar um pouco como você usou o treinamento em sua vida? Por que o recomenda tanto?

Joe: O treinamento é a coisa mais poderosa em que posso pensar que me ajudou a mudar de vida. Falei sobre isso em meu livro *Criando riqueza e prosperidade – O fator de atração.* Tive um treinador, durante uns dez anos, com quem me encontrava em uma base regular, e ele sozinho me ajudou a descobrir e mudar minhas crenças. Isso me ajudou a passar por coisas, como a pobreza. De pobre, passei a ter dinheiro e a ser muito bem-sucedido porque tive alguém que acreditou em mim, me encorajou, me tornou responsável, não me julgou e me amou mesmo enquanto procurávamos as crenças que estavam me limitando.

Deu tão certo que, em um momento posterior, quando encontrei um grupo de treinadores que já trabalhavam com um de meus programas, o *Executive Mentoring*, eles me perguntaram se eu gostaria de ter outro programa, e respondi: "Sim, sempre quis o *Miracles Coaching*." As pessoas que o ministrariam teriam que ser treinadas por mim porque, após dez anos trabalhando com meu próprio treinador, eu sabia o que pedir e qual tinha que ser a mentalidade dos treinadores. Sabia com que frequência as pessoas tinham que se encontrar, portanto criei o programa *Miracles Coaching* para ajudá-las, assim como meu treinador foi o primeiro a me ajudar. Ter na vida um treinador em milagres foi claramente o que me ajudou a purificar minhas crenças para me tornar um milionário desperto.

A chave é dar as boas-vindas ao dinheiro em sua vida

Peter: Quanto o pensamento positivo é importante para a riqueza? Posso ter pensamentos negativos e ainda assim me tornar um milionário desperto? Ouve-se falar muito em pensamento positivo, mas conheço várias pessoas negativas e queixosas que se tornaram ricas. Você pode falar por um ou dois minutos sobre isso?

Joe: Bem, na verdade, essa é uma pergunta muito curiosa e abre esse diálogo. A verdade é que você *pode* se tornar um multimilionário com qualquer tipo de sistema de crenças, positivo ou negativo. Tudo é uma questão de: "Você dá boas-vindas ao dinheiro em sua vida?" Se der, poderá ser muito negativo e atrair dinheiro, ou ser muito positivo e atrair dinheiro. Acho que você será um ser humano mais feliz, saudável e equilibrado, e contribuirá mais para o mundo, se for positivo em relação à sua vida e suas contribuições. Isso ilustra algo muito importante: independentemente de associar o dinheiro ao bem ou ao mal, você está errado em ambos os casos. Você pode ter a mentalidade que quiser, desde que claramente dê boas-vindas ao dinheiro em sua vida. Você pode ter dinheiro seja qual for seu sistema de crenças ou sua personalidade.

Dar abre o coração para receber e é essencial para atrair dinheiro

Peter: Qual é a importância de dar?

Joe: Acho que dar é um segredo para atrair grande riqueza. As religiões falam sobre isso. Por exemplo, algumas lhe pedem para dar 10% de sua renda. Quando ouvi falar nisso pela primeira vez, fiquei muito desconfiado, porque achei que significava dar 10% para a organização religiosa que estabelecera a regra. Mas a verdade é que, se você dá 10% ou mais do seu dinheiro para *quem quer que tenha lhe dado sustento espiritual*, para quem quer que o tenha inspirado – poderia ser uma igreja, um garçom, um motorista de táxi, alguém na rua, qualquer pessoa –, está abrindo seu coração para receber.

Dar está ligado às suas crenças

Joe: Veja bem, quando as pessoas não dão, estão partindo de uma mentalidade de escassez. Elas acham que só há aquele dinheiro disponível e se apegam a ele. Mas quando você dá, envia um sinal para sua própria mente de que você tem mais do que o suficiente. Então, entra em ação este princípio cármico: quando você dá, de alguma forma ou maneira, o universo lhe dará dez vezes mais.

A única ressalva que eu faria é que, se você não acredita em dar, poderá realmente interromper o processo. Se, por exemplo, quiser provar que estou errado dizendo "Ah, o Joe Vitale falou sobre dar, portanto darei 10 dólares a esta pessoa e procurarei por 100 dólares, mas não acredito que eles virão", então provavelmente *não* virão, porque se trata de livre-arbítrio e seu sistema de crenças pode interromper os princípios universais.

Recomendo que examine suas crenças em relação a dar. Para mim, dar é ótimo, o que é outro segredo para atrair milhões. Quando você se sente bem, começa a atrair pessoas, coisas e oportunidades que podem ajudá-lo a ganhar mais dinheiro. Mais uma vez, dar é essencial para atrair dinheiro.

Os milionários despertos andam com gratidão

Peter: Eu sei que você fala muito sobre gratidão e ser grato por tudo que tem para obter mais em sua vida. Fala sobre esse assunto em quase todos os seus livros. Pode explicar por um momento a, por assim dizer, "atitude de gratidão"?

Joe: Bem, esse é outro segredo para atrair dinheiro. Quando você se sente grato pelo que já tem, pode querer mais, mas, se olhar ao redor e disser "Sou grato por este programa de áudio", "Sou grato por este livro", "Sou grato por tudo o que tenho na minha vida agora", e for sincero, mudará sua situação de vida e emitirá uma energia diferente, uma energia de gratidão. Essa energia atrairá mais pessoas, lugares, coisas e momentos que serão ainda melhores do que os que você tem. Tudo isso se baseará na gratidão, no amor, no respeito e no apreço.

A gratidão é uma ferramenta poderosa para você se tornar um milionário desperto e, de fato, os milionários andam pelo planeta com gratidão porque sabem que estão vivendo um milagre. É um milagre estar vivo. Então, sim, a gratidão é muito, muito profunda.

Milionário ou bilionário desperto? Seu patamar financeiro

Peter: Falamos a respeito um pouco antes, mas quero voltar às diferenças entre os padrões de pensamento do milionário desperto e do bilionário desperto. Como isso funciona? Como alguém se torna um Bill Gates versus alguém com uma bela renda na faixa dos sete dígitos?

Joe: Essa é uma boa pergunta. O que você tem que fazer é elevar seu nível de merecimento. Todos têm dentro de si um padrão de riqueza. Neste momento, provavelmente parece possível você se tornar um milionário, mas não um bilionário. Por quê?

Provavelmente a diferença é interna. Em determinado momento, quando eu ganhava salário-mínimo e fazia biscates, meu patamar de riqueza e nível de merecimento diziam que isso era tudo o que eu podia e merecia ter. Certamente eu queria mais. Podia até mesmo ter a intenção de possuir mais, mas, como meu sistema de crenças dizia que isso era tudo o que eu podia ter, era tudo o que eu tinha.

Acho que cada um tem que respirar profundamente e dizer: "No que acredito sobre o dinheiro? No que acredito sobre o que mereço?" Talvez você até mesmo precise ir mais longe e se perguntar mentalmente: "Se eu tivesse 1 bilhão de dólares, como minha vida seria?" Meu palpite é que o medo surgiria. Provavelmente você pensaria "Ah, eu teria uma corporação gigantesca; precisaria de um monte de contadores; teria que pagar muitos impostos" e, subitamente, ser multibilionário se tornaria desagradável. Você precisa examinar todos esses pensamentos e essas crenças que surgem com a imagem. Purifique-os dizendo coisas como "Bem, se eu tivesse uma corporação, contrataria as pessoas certas para cuidar dela. Se tivesse problemas com impostos, contrataria advogados empresariais e tributaristas para cuidar deles".

Quando você anula a negatividade e as crenças sobre se tornar multibilionário, pode ir nessa direção. O que fez foi elevar seu nível de merecimento, seu patamar.

Espiritual versus material

Peter: Na comunidade espiritual, fala-se muito em simplicidade, em simplificar a vida. Coisas como carros e casas. Não deveríamos desejá-las. Há algo de errado nisso. Em sua opinião, é certo desejar bens materiais?

Joe: Totalmente. Na verdade, em meu modo de ver, espiritual e material são dois lados da mesma moeda. Qualquer pessoa que desaprove dinheiro, carros, casas ou grande riqueza está partindo de uma visão farisaica de que o mundo tem que operar no que ela determina que é um lugar espiritual. Quem pode dizer que um carro não é espiritual? Eu realmente acredito que as pessoas equilibradas integram o espiritual e o material.

Acho que não há nada de errado em ter carros ou casas. Acho que o único problema poderia ser alguém ir longe demais em uma viagem do ego e estabelecer intenções baseadas nele. Falo sobre isso em *O curso do despertar* e em meu programa *Miracles Coaching.*

Em resumo, se eu quisesse ter a maior coleção de carros do mundo, provavelmente estaria partindo do ego. Mas, se ocasionalmente vejo um carro que alegra meu coração, me faz saltitar e me sentir bem por estar vivo, se isso parece vir da minha intuição ou de uma cutucada interna, dizendo "Seria maravilhoso ter um", penso que provavelmente fui guiado pelo Divino. Quem além de mim pode dizer que isso é verdade para mim ou não? Esse seria um julgamento farisaico. Como eu disse, o espiritual e o material são a mesma coisa.

Os milionários despertos nunca param de crescer

Peter: Obrigado, Joe. Tenho mais algumas perguntas antes de terminarmos. Uma importante vem à minha mente. Parece que quanto mais ricos meus amigos são, mais eles se instruem, leem livros, ouvem fitas etc. Só estou curioso. O que você pensa sobre isso? Quero dizer, você obviamente é muito rico, mas ainda lê livros e vai a seminários. Quanto a educação é importante para dar continuidade a esse processo?

Joe: Puxa, essa é uma ótima observação, porque ainda estou aprendendo e crescendo. Sim, leio livros. A Amazon é meu local de compras favorito e sempre compro livros novos sobre marketing, psicologia, sucesso e atitude mental. Continuo a crescer, aprender e me expandir. Vou a seminários de outras pessoas. Certa vez, um amigo disse que todos os gurus da autoajuda compram materiais de outros gurus. Por quê? Porque todos nós estamos crescendo e seguindo em frente.

Acho que, se você quiser dar grandes saltos em sua vida para se tornar um milionário ou um bilionário desperto, é essencial que continue a crescer e se expandir por meio de livros, programas de áudio, treinamento e seminários. Acho tudo isso essencial.

Peter: Para terminar, há algo mais que você gostaria de dizer sobre se tornar um milionário desperto – ou outra coisa?

Ouse algo que valha a pena

Joe: Sabe, em meu cartão de visita, cito um provérbio latino do século XVI, *Aude aliquid dignum*, que significa "Ouse algo que valha a pena". Eu gostaria de desafiar todos os que lerem este livro a estabelecer a intenção de se tornarem milionários ou multimilionários, ou ainda, se eles se sentirem à vontade com isso, bilionários. Desafio-os a começar a agir para que isso aconteça. Desafio-os a trabalhar em si mesmos e em suas próprias crenças. A criar ou encontrar um sistema de apoio, porque acho que ter alguém para encorajá-lo e mantê-lo responsável é outro ingrediente-chave para se tornar um milionário desperto. Desafio as pessoas a perceberem que o que elas querem é ser felizes. Elas podem ser felizes *agora*, perseguindo os milhões que desejam. Desafio todos a *fazer algo que valha a pena*.

Peter: Joe, se as pessoas quiserem entrar em contato com você ou assinar sua *newsletter*, o que devem fazer?

Joe: Meu website principal é www.joevitale.com, e meu programa *Miracles Coaching* está em www.miraclescoaching.com.

Peter: Foi uma honra e um prazer estar com você, Joe. Obrigado por partilhar sua sabedoria conosco.

Joe: Eu é que lhe agradeço, Peter, e boa sorte a todos vocês.

Peter: Agradeço a todos os leitores aqui por se juntarem a nós.

7
O Relacionamento Desperto

Quando você experimenta o perdão, seu mundo exterior muda.
– Joe Vitale

Joe: Olá. Eu sou o dr. Joe Vitale. Bem-vindos ao programa *Awakened Relationship*. Neste programa discutirei como obter o máximo de seus relacionamentos pessoais e de negócios. Vamos falar sobre isso agora para que vocês também possam ter um relacionamento desperto.

Theresa Pushkar: Joe, você pode descrever o que é um *relacionamento desperto*?

Um relacionamento desperto é amor

Joe: Um relacionamento desperto se baseia totalmente no amor. Você precisa entender que há pelo menos quatro estágios do despertar. No primeiro, a maioria das pessoas são vítimas, e esse relacionamento não é muito saudável. No segundo, elas se sentem poderosas. Assim, um relacionamento pode ser muito forte, desafiador e voltado para o crescimento. Mas, mais cedo ou mais tarde, ele evolui para o terceiro estágio, que é sobre rendição. Nesse relacionamento, você não se rende à outra pessoa, mas ao que chamo de "Divino". Rende-se a um poder superior.

No quarto estágio, que é para onde você e eu somos conduzidos, você está desperto. Em um relacionamento desperto, você parte do amor. De fato, você *é* amor, e a outra pessoa parte do amor e é amor. Em um relacionamento desperto, quando você olha para a outra pessoa, só vê amor. E se essa pessoa está partindo de um relacionamento desperto, também olha para você e só vê amor. O amor é a natureza e a descrição de um relacionamento desperto.

Amigos verdadeiros

Theresa Pushkar: Falando de amor, a maioria das pessoas tem o que consideraríamos amigos de verdade? Amigos verdadeiros? O que é um amigo verdadeiro?

Joe: Não creio que a maioria das pessoas tenha amigos verdadeiros. Isso pode parecer triste e surpreendente. Mas há uma definição de amigo verdadeiro que ouvi de um orador famoso. Se você estivesse em uma situação maluca, trancado em uma prisão num país do Terceiro Mundo, quais dos seus amigos correriam para salvá-lo? Quais deles parariam tudo, iriam para o outro lado do mundo, se necessário, e o tirariam de lá? O libertariam? Quando você usa esse tipo de definição, a maioria de nós não tem um amigo verdadeiro. Nós temos conhecidos, colegas de trabalho, vizinhos.

Temos pessoas que vemos de tempos em tempos. Pessoas com quem gostamos de sair. Mas alguém que tem em mente nosso máximo bem-estar, inclusive toda a nossa vida, provavelmente é raro. Contudo, quando você parte de um relacionamento desperto, tende a partir do amor dentro de você e, dessa perspectiva, atrai amigos amorosos. Em minha opinião, um amigo verdadeiro é alguém que o apoia totalmente, apoia seu bem-estar e seus objetivos de vida e tem em mente seus mais elevados e melhores interesses. E você também tem em mente os dele.

Relacionamentos são espelhos

Theresa Pushkar: Joe, estamos falando sobre amor, relacionamentos, aqueles que se importam conosco e são nossos amigos verdadeiros. Mas e quanto às pessoas negativas? E quanto às queixosas? E quanto a um parceiro de vida que é reclamão, queixoso e negativo? O que você faz em relação a isso? Como lida com isso?

Joe: Sabe, dependendo do estágio do despertar em que você se encontra, às vezes atrai parceiros de vida negativos, queixosos e com mentalidade de vítima. Isso só ocorre porque eles estão representando uma parte sua. No entender da psicologia junguiana, eles são um lado sombrio seu. Se você nunca ouviu isso, será muito confuso ouvi-lo pela primeira vez. Essa é a ideia de que a pessoa a quem você se refere, a pessoa negativa, queixosa, que age como vítima, na verdade representa uma parte sua que se sente do mesmo modo.

Portanto, de um modo muito real, o relacionamento que você atraiu é um relacionamento que está em seu íntimo. Primeiro, você tem que curar isso para realmente curar seu relacionamento consigo mesmo. Tem que assumir total responsabilidade e perceber que o negativo, o queixoso e a vítima representam uma atitude mental dentro de você. Quando admitir essa atitude, deixá-la para lá e tornar-se mais desperto e poderoso, a outra pessoa mudará ou irá embora, porque a energia em seu íntimo não a atrairá mais.

Benefício mútuo

Theresa Pushkar: Tenho amigos que me fazem lembrar de uma situação ying yang em que eles parecem polos opostos quando se unem pela primeira vez, e então noto o surgimento de uma situação mutuamente benéfica em que eles se complementam de modos estranhos e diferentes. Os relacionamentos têm de ser mutuamente benéficos para durar?

Joe: Os relacionamentos são sempre mutuamente benéficos, ou terminam. Se você não está obtendo algo da outra pessoa e ela não está obtendo algo de você, a festa acaba. Às vezes, no início, os relacionamentos são um pouco tumultuados. Mas quando os parceiros passam a se conhecer e purificam suas crenças inconscientes sobre relacionamentos, amor e merecimento, as coisas se acalmam. Geralmente eles ficam um com o outro e se divertem juntos. Mas se, em algum ponto, um dos dois sentir que não está mais obtendo benefícios, provavelmente eles pararão a música e seguirão em frente.

O segredo para ter um relacionamento duradouro e íntimo

Theresa: Há um segredo para se ter um relacionamento duradouro e íntimo?

Joe: Novamente, o segredo para se ter um relacionamento duradouro e íntimo se baseia no amor. O que é amor? Amor é entendimento mútuo, a total aceitação sem julgamentos da outra pessoa e de si mesmo. O amor não tem limites. Não julga. O amor parte da clareza, da luz, da paz e da felicidade. Para ter esse relacionamento ideal, seja no trabalho ou no lar, você tem que ver o amor na outra pessoa. Tem que ver o amor dentro de si mesmo. Repito que relacionamento desperto se baseia no amor, e é amor.

Honestidade implacável – ausência de segredos

Theresa Pushkar: A total honestidade deveria ser parte desse amor? Todos nós parecemos ter segredos, pequenos pensamentos, pequenas coisas que não revelamos à outra pessoa em um relacionamento. Isso é bom ou ruim? O que é isso?

Joe: Sigmund Freud disse que o principal modo de preservar a saúde mental é não ter segredos. Acho que há uma grande verdade nisso. Penso que uma cura profunda provém da ausência de segredos. Acredito que ser totalmente honesto com a outra pessoa e, mais importante ainda, consigo mesmo, é a principal chave para se ter um relacionamento desperto em todas as áreas de sua vida.

Isso pode ser desconfortável, mas muito tempo atrás foi escrito um livro sobre "honestidade implacável", cuja premissa era a de que quando as pessoas são implacavelmente honestas consigo mesmas sobre seu passado, sobre perdão e sobre o que desejam, trazem paz para sua vida e seus relacionamentos. Não ter segredos é uma chave, um caminho direto para o relacionamento desperto.

Trabalhando juntos – personalidade e alma

Theresa Pushkar: Luto em meu self da personalidade, que parece ter muito a alcançar. Nunca parece corresponder ao meu self da alma, o que é bastante desanimador. Como posso encontrar paz nessa discrepância?

Joe: Essa é uma ótima pergunta. Em primeiro lugar, você tem que aceitar quem é. Porque quando você luta com isso, torna tudo pior. A resistência só fará isso persistir. Concentre-se o máximo possível no momento, em estar aqui e agora, e no que chama de sua *alma*. Seu self da personalidade, do ego, nunca corresponderá ao seu self da alma. Não deve corresponder. Na verdade, deve estar a serviço da parte Divina de você, que é o que chama de sua alma.

Apenas respire profundamente e se renda a isso. Você pode meditar sobre o fato de que você não é seu ego. Não é seus pensamentos. Não é seu corpo. Não é suas emoções. Na verdade, é a alma, a testemunha por trás disso tudo. Respire dentro disso e entenda que o Divino lhe falará em seu self da personalidade, e que você deve simplesmente seguir o que Ele disser.

Quando você tenta liderar da perspectiva do ego, na verdade causa muita frustração, que é o que está sentindo agora. Eu deixaria isso para lá. Totalmente para lá. Apenas olhe para dentro e siga o Divino. Ele o está conduzindo para casa. Para um despertar.

O ego é seu amigo

Theresa Pushkar: Isso traz à mente outra questão. Muitos mestres espirituais descrevem o ego quase como um inimigo, algo que devemos aniquilar. Isso é negativo. Penso que essa negatividade cria resistência ou algum tipo de obstáculo. E você ouve aquela frase comum "É preciso abraçar o ego". Isso é realmente difícil. Pode explicar mais claramente?

Joe: O ego é seu amigo. Esse é o melhor modo que tenho para resumir a questão. Seu ego está aqui para ajudá-lo a sobreviver. Nenhum de nós está aqui sem um ego. Não há nada de errado em tê-lo. Você só não deve deixá-lo estar no controle, conduzir o ônibus da sua vida, porque ele baterá em muros e em outros ônibus. Sofrerá acidentes. No entanto, seu ego não deve ser destruído.

Você precisa de seu ego para viver. Precisa dele para ser capaz de descontar um cheque. Precisa dele para conseguir dirigir seu carro. O ego é seu amigo. Esse é realmente o ponto principal aqui. É simples assim, e continuo o repetir porque é essencial: o ego precisa estar a serviço do Divino. O Divino é que dirige o ônibus. O barco. O planeta. E você simplesmente deve ser um servo dele.

As crianças nos mostram o caminho

Theresa Pushkar: Falando em dirigir o ônibus, estou pensando nas crianças pequenas, que parecem não ter um grande ego, mas são treinadas por nós para tê-lo. Há um modo de sua mensagem ser transmitida a nossas crianças?

Joe: Na verdade, acho que é o contrário. Acho que as crianças são os seres mais puros e divinos entre nós. Estão mais perto da fonte. Acabaram de vir da fonte. Por isso, estão aprendendo a ter um ego. Aprendendo a sobreviver. Provavelmente precisamos nos sentar, estudá-las e ver como brincam e interagem. Ver a luz que ainda está em seus olhos. Ver como seus corações dizem "Vamos fazer isso. Vamos brincar com isso. Vamos fazer um sanduíche de manteiga de amendoim e geleia. Vamos fazer algo divertido", porque estão simplesmente sendo criativas.

Em vez de mudar as crianças, deveríamos estudá-las e dizer: "Que qualidades esses pequenos seres divinos têm que podemos adaptar e trazer para nossas vidas como adultos?"

Theresa Pushkar: Acho que você também está dizendo que temos que nos desligar e não nos fixar em "proteger" nossas crianças.

Podemos ajudar as crianças a ser conscientes

Joe: Bem, acho que precisamos proteger nossas crianças, porque elas entraram no mundo com um pouco de consciência de vítima. Elas seguem nossa programação e a programação da cultura, e precisamos lhes dizer o que é um ônibus, o que é um trem, o que é um carro, o que poderia ser uma área perigosa, apenas para ajudá-las a ser conscientes. Nós treinamos seus egos. Repito que todos nós temos egos, que são necessários para a sobrevivência.

Uma criança pequena não tem todas essas habilidades sociais e de sobrevivência. Portanto, não vejo nada de errado em tentar ajudá-las, ensinar-lhes, prepará-las, conduzi-las e educá-las.

Theresa Pushkar: Às vezes, acho difícil distinguir meus medos. Você sabe, até mesmo em relação às crianças. Posso me ver pensando "Ah, meu Deus, tenho que levá-la para o pátio da escola", e me apavorar com a ideia de ela se machucar no trepa-trepa. Tento distinguir um sentimento intuitivo de preocupação do sentimento de medo. Há um modo de eu poder facilmente distinguir um do outro?

Concentre-se no que você quer para a criança

Joe: Parece que você sabe bem o que é medo. Eu me concentraria mais no que você deseja. Quando você se concentra no medo, atrai mais medo. Seu pensamento consciente atrai mais medo de sentimentos dentro de você. E pode atrair mais experiências assustadoras devido ao lugar onde começou com isso.

Respire profundamente e se concentre: "O que eu desejo? Desejo que meu filho, ou eu mesmo, esteja seguro, se divirta, seja inspirador e inspirado. Quero ser capaz de levá-lo para o playground e me divertir ali. Quero ser capaz de sorrir, conversar com as pessoas e ver meu filho brincar com outras crianças." Eu me concentraria no quanto isso é bom.

Quando você se concentra naquilo que deseja, tende a expandir e atrair isso. Essa é uma regra básica da psicologia. Já a mencionei em *O curso do despertar*. Você obtém mais daquilo em que se concentra. Então, concentre-se naquilo que você deseja, não naquilo que o preocupa. Seja no que for que você se concentre, você o atrairá.

O medo só significa que você não fez isso antes

Theresa Pushkar: Bem, levando isso para os negócios, há algumas decisões gigantescas que temos que tomar, e muitos de nós tendemos a ser avessos a riscos. Pode haver uma sensação de "É melhor eu não fazer isso; isso poderia ser perigoso", e às vezes é difícil distinguir sentimentos intuitivos de "Eu estou apenas com medo, porque isso poderia ser uma grande mudança em minha vida".

Joe: Eis o tema do medo de novo. Ele não surge em relação a tudo? Isso não é interessante? Eu diria que o medo vem daquele primeiro estágio de ser vítima. Temos medo de nos machucar, de perder dinheiro, prestígio e investimentos, e não nos orgulharmos mais de nós mesmos. Isso também é uma grande piada. Um homem que fracassou muitas vezes, em certo momento declarou falência e agora é bilionário, me disse: "Aprendi algo importante com o medo e o fracasso." Perguntei: "O que foi?" Ele respondeu: "Quando você fracassa, nada de ruim lhe acontece." Nada de ruim lhe acontece! Ele prosseguiu: "O mundo se esquece e perdoa! A pessoa que é mais dura com você é você mesmo. Você se culpa por seu aparente fracasso, mas pode aprender que o fracasso é feedback. Quando recebe esse feedback, pode se adaptar, aprender e seguir em frente." Portanto, o medo de tomar uma decisão nos negócios ou em qualquer outra área realmente o fará desacelerar, o impedirá de tomar qualquer atitude, mas então você nunca saberá o que dará certo ou não, porque o medo o aprisionará numa mentalidade de vítima e você não seguirá em frente.

Como já disse muitas vezes, descobri que quando você enfrenta seus medos geralmente descobre sua riqueza, porque ela está atrás daquilo que você teme. O que você teme fazer provavelmente é algo que *tem* que fazer. Minha regra prática é: se temo fazer algo, *devo* fazê-lo. Eu podia temer lançar *Espiritual Marketing* como um livro. Quando eu tinha medo de fazer algo, era porque meu ego temia se machucar. Quando enfrentei o medo e fiz assim mesmo, aqueles acontecimentos mudaram minha vida. Quando dei minha primeira palestra, era bastante jovem. Havia seis pessoas na sala. Eu estava tão nervoso que me apoiei na parede porque pensei que ia desmaiar e escorregar para o chão. Enfrentei repetidamente meus medos até que, agora, apareci em *Larry King* e *Donnie Deutsch*; apareci no palco diante de Donald Trump; fiz coisas que nunca pensei que faria! Uma das coisas que me pôs em destaque foi ser orador principal da National Speakers Association – havia 5 mil oradores profissionais me ouvindo na plateia e no final fui aplaudido de pé.

Vá além do desconforto

Joe: O que quero dizer é que eu nunca teria chegado àquele lugar se, no início, não tivesse enfrentado meus medos. Lembro às pessoas que medo não significa "não aja". O medo é uma espécie de alerta de que você está prestes a fazer algo que nunca fez. Apenas esteja consciente. Você está prestes a entrar em um negócio, comprar uma ação ou abrir um restaurante – seja lá o que for –, mas como nunca fez isso está um pouco desconfortável. Esse desconforto não é medo, provém de fazer algo que é um desafio para você.

Mais uma vez, respire profundamente, olhe para dentro e diga: "Essa é realmente uma situação de vida ou morte? Eu realmente devia temer perder minha vida se seguisse em frente? Ou só me sinto pouco à vontade porque estou indo além da minha zona de conforto?" Se estiver indo além da sua zona de conforto, enfrente o medo e faça isso.

Passe a ter uma mentalidade relaxada

Theresa Pushkar: Enquanto falamos sobre nossos negócios e ir além, penso no mundo e como todos nós estamos tensos. Tudo é rápido, rápido, rápido. Nosso sistema nervoso parece estar no limite. O que você diria a respeito, baseado nos quatro estágios do seu trabalho? E como lidar com a sensação de urgência, ansiedade e pressa em nossa vida?

Joe: Bem, a sensação de pressa e estresse do mundo, na verdade, vem do primeiro estágio – de vítima. "O mundo inteiro está me pressionando e fazendo com que eu me sinta sem nenhum controle; não consigo fazer nada. Vou enlouquecer. Não há tempo. Não há dinheiro suficiente. Nada é suficiente. A energia não é suficiente." Bem, isso é ser vítima. Mais uma vez, perceba que não há nada de errado com o primeiro estágio. Você desperta dele e passa para o próximo.

Quando você se sente mais poderoso, por exemplo, começa a imaginar "Bem, talvez se eu reservar alguns minutos todos os dias para relaxar... Talvez se eu aprender a respirar profundamente três vezes enquanto sigo com meu dia... Talvez se eu aprender a fechar os olhos por apenas alguns minutos antes de dar o próximo telefonema ... Talvez quando eu aprender a meditar, passar a me exercitar ou a caminhar todos os dias..." Talvez você precise receber uma massagem uma vez por semana ou por mês, o que for possível, para perceber que tem mais controle do que jamais imaginou ser possível.

Então comece a passar para a mentalidade relaxada, que diz que o mundo pode estar enlouquecendo, mas você não tem que enlouquecer. Pode cuidar de si mesmo, se amar, se mimar e ainda fazer coisas. Tente determinar em que estágio de consciência você está. Se está agindo como vítima, não faz mal. Você pode assumir o controle, passar para o próximo estágio do despertar, sentir-se com mais poder e começar a usar algumas daquelas técnicas para ajudá-lo a realmente sentir que está fazendo as coisas em seu próprio tempo e ritmo. Devo lembrá-lo de que no Terceiro Estágio você se rende.

Você não tem que lidar com tudo sozinho

Joe: No Terceiro Estágio, você conversa com o Divino e diz: "Olhe, não consigo lidar com todo esse estresse. Não consigo lidar com todo esse trabalho. Não consigo lidar com toda a atividade que há no mundo." Há uma técnica de cura havaiana maravilhosa chamada *Ho'oponopono*. Você não tem que se lembrar dessa palavra comprida. Basicamente, é uma técnica simples, na qual você assume total responsabilidade por tudo em sua vida. Perdoa todos em sua vida. E ama todos em sua vida, a começar por si mesmo. Como técnica de limpeza e purificação para ajudá-lo a chegar a um ponto em que fica em paz no presente, repita as frases a seguir: "Sinto muito. Por favor, me perdoe. Obrigado. Eu te amo."

Além do trabalho

Joe: Quando você está neste momento, é divertido, porque todo o trabalho do mundo não é realmente trabalho.

Theresa Pushkar: Obrigada. Estamos falando sobre o trabalho do presente – estou pensando em mulheres, mães – e parece haver uma epidemia de "Não posso cuidar de mim mesma. Tenho que cuidar de todos os outros". Eu mesma tenho problemas com isso, há uma forte consciência a respeito dos problemas do mundo. Vemos ainda que gerações de mulheres antes de nós se sacrificaram por suas famílias. Agora sinto que estou tentando me libertar, não só de meus próprios problemas como dos que existem há gerações. Você tem alguma sugestão ou algum conselho sobre como eu poderia fazer isso?

Joe: Sim, tenho. Alguns pensamentos vêm à minha mente. Em primeiro lugar, você acabou de falar em uma crença. Há uma crença que continua a ser reafirmada e reativada nas mulheres: a crença de que elas têm que fazer tudo, de que não têm poder, ou de que têm que se dedicar às outras pessoas. É uma atitude mental que, se você prestar atenção, soa muito como mentalidade de vítima, mas essa mentalidade vem de uma crença. Então, antes de tudo, faça o pequeno exercício de purificação de crenças sobre o qual falei antes, quando disse: "Você pode questionar essa crença." Por exemplo: "Eu realmente acredito que tenho que fazer o que todas as mulheres antes de mim fizeram?" Quando você questiona isso, descobre a base para essa crença, que muito certamente lhe foi transmitida. Você não a escolheu conscientemente quando era garotinha, foi algo que veio um pouco depois. Quando percebe que escolheu essa crença, pode deixá-la para lá e substituí-la por algo que lhe dê mais poder. Também pode usar a técnica de purificação, dizendo: "Eu te amo. Sinto muito. Por favor, me perdoe. Obrigada." Você está usando a técnica do *Ho'oponopono* da Identidade Própria nessa crença e, o que é ainda mais importante, em todas as crenças que possam estar relacionadas a ela. Você não tem que saber exatamente quais são as crenças que lhe produzem esse sentimento, mas, quando o tiver, vá em frente, fixe-se nele por um momento e olhe na direção do Divino ou de Deus, o que for certo para você, e diga: "Sinto muito. Não sei de onde veio esse sentimento. Por favor, me perdoe pelo papel que desempenhei ao criá-lo inconscientemente em minha vida, e obrigada por cuidar disso, obrigada por resolver, obrigada por limpar e purificar tudo isso." Então, termine, como eu, com "Eu te amo", uma forte afirmação de amor pelo Divino. Você é o Divino, dizendo "Eu te amo" para o Divino. Isso cura essa crença e todas as crenças relacionadas, fazendo você sentir que tem poder. Você pode fazer o que precisa fazer, quando precisa fazê-lo.

Nunca tem a ver com a outra pessoa

Theresa Pushkar: Enquanto você fala sobre crenças, penso na próxima questão: "Ah, aqui está uma crença. A luta com o parceiro. Eu acredito no trabalho que você faz, e tenho praticado. Contudo, meu parceiro, meu marido, minha esposa, necessariamente não irá aceitar ou seguirá o mesmo caminho que eu. E eu luto com isso."

Joe: Perceba o que acabou de dizer: "Eu luto com isso." Mais uma vez, é o ego contra as circunstâncias, o que significa a presença da mentalidade de vítima. Isso não é ruim. Todos nós escorregamos entre esses diferentes estágios até chegarmos ao quarto estágio, em que realmente estamos despertos. Portanto, não é incomum incorrer, em certas áreas, num padrão de pensamento de vítima. É o que acontece aqui. Novamente, eu diria que você deve olhar para as crenças que criariam isso.

Você deve usar o *Ho'oponopono* da Identidade Própria para purificar. E, o que é ainda mais importante, perceber que, seja para o que for que estiver olhando, na verdade essa pessoa, ou qualquer outra pessoa, é uma projeção no espelho do que você sente dentro de si mesmo.

A entidade exterior é um reflexo de seu estado mental interior. Se há alguém do lado de fora, seja seu parceiro ou seu chefe, a qual está fazendo você imaginar "Você não está fazendo nenhum sentido. Não estou na mesma página que você", isso, de certa forma, é um erro de comunicação. Na verdade, essa pessoa representa uma parte sua que se sente assim. Isso é importante. Estamos falando sobre o lado sombrio de sua vida. Sobre a parte para a qual você realmente não quer olhar. Contudo, quando você reconhece isso, pode mudá-lo.

No meu caso, se alguém me diz algo que acho irritante ou não gosto, olho para dentro de mim e digo: "Alguma parte de mim acredita nisso?" Se eu for muito sincero, percebo: "Sim." Há o que chamaríamos de uma subpersonalidade que acredita que o que aquela pessoa disse é verdade para mim. Aquela pessoa o exprimiu, o que me irrita porque é algo que eu não queria ver. Não queria acreditar, não queria reconhecer. Então, em vez de lidar com essa pessoa exterior, lido com meu eu interior.

Posso dialogar com ele. Posso lhe perguntar: "Por que você acredita no que acredita? Por que está dizendo isso?" Faço isso até chegar a um lugar de paz e serenidade. E, quando chego, a pessoa que fazia objeções não faz mais. Ela agora também está em paz. Por que o outro mudou? Porque *eu* mudei por dentro e aquela pessoa era um reflexo do meu íntimo.

Se você trabalha no interior, o exterior muda

Theresa Pushkar: Então, isso não poderia ser uma armadilha do meu próprio ego? Se apenas continuar a fazer o meu trabalho, falando comigo mesma, limpando e purificando, de algum modo convencerei meu marido a se conscientizar?

Joe: Bem, na verdade, é isso o que está fazendo. Quanto mais você trabalha em si mesma, mais muda a outra pessoa e o próprio mundo. É por isso que eu digo que, se você quer a paz mundial, deve começar a encontrar paz dentro de si mesmo. Frequentemente digo que, se quer que o planeta seja saudável, rico e sábio, contribua sendo uma pessoa saudável, rica e sábia. Você trabalha em si mesma e, enquanto faz isso, seu marido muda ou vai embora. As outras pessoas ao seu redor mudam ou vão embora. Ou o planeta muda. Ou, de algum modo, você não se torna parte do que está acontecendo. Tudo se rearranja, comparado com o que está acontecendo dentro de você. Você tem muito mais controle do que jamais imaginou. Quando você trabalha no interior, muda o exterior.

A consciência de grupo cria tudo e mais alguma coisa

Theresa Pushkar: Enquanto falamos sobre o planeta, há muitas coisas acontecendo. Muito medo. Muitos desastres naturais. Baseado no trabalho que fez e nos quatro estágios, como você explica o que está acontecendo no planeta?

Joe: Bem, com a consciência de grupo, criamos tudo e mais alguma coisa. Por exemplo, pessoas que estão em áreas em que há uma enchente, um incêndio, um terremoto ou fome, cocriaram isso em um nível inconsciente. Elas não se encontraram e disseram algo como "Vamos ter uma enchente aqui". O que acontece é que há um desejo inconsciente. Elas não sabem disso mais do que você e eu sabemos o que está em nossas mentes inconscientes.

Elas vieram e se atraíram. Nós atraímos, como grupos, baseados em nossa mentalidade, nosso sistema de crenças inconsciente. Então, todas essas pessoas se reuniram nessas áreas, e realmente têm mentalidade de vítima. Parte do objetivo é elas despertarem, e possivelmente crescerem. Parte de tudo isso é despertarmos. Você não tem que estar fisicamente na enchente para ter essa experiência. Você assiste ao noticiário. Observa a mídia. Vê isso na internet. E percebe que, de alguma maneira ou forma, você o cocriou.

Isso é seu se está em sua experiência

Joe: Isso tem a ver com o que o dr. Hew Len me ensinou. Se algo está em sua experiência, se você está se queixando de alguma coisa, seja qual for o problema, já notou que você está presente? Que está sempre presente? Você é o elemento comum. Quando ouvir falar no terremoto, no incêndio, na enchente, no transtorno ou nos terroristas, seja o que for, e notar que não gosta disso, perceba que ajudou a criá-lo. Porque está em sua realidade. É por esse motivo que a limpeza constante é tão importante.

É por esse motivo que o *Ho'oponopono* da Identidade Própria é tão importante. Se você realmente quer parar com tudo isso, mudar o mundo e impedir que esses desastres aconteçam, deve dizer: "Sinto muito. Não sei o que em minha mente inconsciente contribuiu para isso acontecer, mais do que aquelas pessoas sabem o que em suas mentes inconscientes contribuiu para isso. Por favor, me perdoe por qualquer coisa que eu tenha dito ou feito, e qualquer energia que eu tenha emanado como parte disso. Obrigado por cuidar disso. Por curá-lo. E eu te amo. Eu te amo. Eu te amo." Todos nós devemos fazer isso.

Mais uma vez, as pessoas têm sido vítimas. Todos nós fizemos esse papel. Não o fizemos conscientemente, mas inconscientemente. É por esse motivo que é crucial despertar. Esse é todo o objetivo.

Theresa Pushkar: Acho que algumas pessoas poderiam ficar indignadas com sua última sugestão: "Como ousa dizer que eu criei essa enchente? Como ousa?" Parece haver um desejo de oposição imediata e de transformá-lo no inimigo. Deve haver algum passo que possa levá-las a um ponto de entendimento – não sei se isso é mais compaixão por elas mesmas ou por você.

"De quem é a energia?"

Theresa Pushkar: Há alguma ligação entre as pessoas serem capazes de assumir a responsabilidade, fazendo o *Ho'oponopono*, ou querer imediatamente atacar você, afirmando: "Como ousa dizer que eu criei isso?"

Joe: Sim, é uma pergunta muito boa, direta e honesta. As pessoas que reagem imediatamente com raiva não gostam de ouvir isso; ficam aborrecidas por eu dizer. Adivinhe em que estágio estão? No primeiro, o de vítima. Como eu as faço passar para o próximo estágio? Bem, tenho que fazê-lo. Vem da minha atitude de rendição, do estágio de rendição ao Divino e de perceber que tudo, em minha vida pessoal, na experiência de Joe Vitale, é causado pelo que Joe Vitale está fazendo dentro de si mesmo.

Se alguém diz na minha cara "É ultrajante você dizer tamanho absurdo", tenho que respirar profundamente e, de fato, perceber que uma parte de mim concorda com essa pessoa. Quando faço isso, olho para dentro de mim mesmo e digo: "Não tenho a menor ideia de qual é essa parte. Não tenho a menor ideia de por que ela está aí." E limpo isso. Purifico-o. Removo-o. Quando faço isso, essas pessoas não surgem em minha experiência. Poderiam existir em algum lugar do planeta e ainda ter esse sentimento, mas não surgem em minha experiência. Por que não? Porque purifiquei isso.

Aconselho as pessoas a examinar qual é a sensação de estar zangado. Qual é a sensação de ser vítima? Qual é a sensação de enviar toda a sua raiva e energia para fora? Um amigo certa vez me mostrou alguém que se aborrecia o tempo todo com política e com as coisas que aconteciam na política. Aquela pessoa se irritava, mas não era um político. Não fazia parte de nenhum órgão governamental. Não estava agindo. Então, meu amigo lhe perguntou: "De quem é a energia que você está consumindo quando sente essa raiva?"

Bem, obviamente, a pessoa que sentia raiva estava destruindo seu próprio corpo, sua própria mente, seu próprio estilo de vida, sua própria felicidade. Isso não ajuda em nada. Eu o aconselho a considerar que talvez você esteja sendo vítima. Talvez fosse gostar de passar para o segundo estágio do despertar e ter mais poder. Olho para dentro de mim mesmo e digo: "Que parte de mim contribuiu para o que estou vendo?" Então, limpo tudo.

Não há nada a temer

Theresa Pushkar: Obrigado. Suas respostas para muitas das perguntas que fiz foram sobre resvalar para uma consciência de vítima. Vejo um universo, um mundo que criou certa mentalidade de vítima em nós. E parece que essa mentalidade realmente é bem diferente da mentalidade do universo. Você pode falar sobre seus insights de alguns dos caminhos errados que seguimos, comparados com a verdade do universo?

Joe: Bem, a verdade do universo é que não há nada a temer. Esse é um dos temas recorrentes em quase todos os ensinamentos espirituais: "Não tema. Não tenha medo." E quase todos que partem de uma mentalidade de vítima ou de uma mentalidade de ego têm medo. Têm medo de tudo. Têm medo da próxima coisa que dirão, do que alguém lhes dirá, da próxima curva na estrada ou da próxima entrevista de emprego. Temem o que quer que seja.

O universo basicamente diz: "Nós cuidamos de você. Não há nada a temer. Nós te amamos." Na essência, no âmago, o Divino, o próprio universo, é amor total. Essa é a principal discrepância: na mentalidade de ego, os indivíduos pensam que precisam se proteger. E o Divino, o universo, tenta dizer: "Abandone o controle. Abandone a proteção. Até mesmo abandone sua mente." Quando você faz isso, está no estágio do despertar, em que é um só com o Divino, se não o próprio Divino.

Há um Deus?

Theresa Pushkar: Atualmente, há vários best-sellers que partem da premissa de que Deus não existe, de que "Deus é uma falácia para fazer com que todos nós nos sintamos seguros e confortáveis". O que você tem a dizer a esse respeito?

Joe: Bem, há alguma verdade nisso, porque existem muitas crenças sobre Deus e o Divino que foram criadas pelos seres humanos. Sempre adorei esta citação de Mark Twain: "A Bíblia disse algo no sentido de `Deus ter sido criado à imagem do homem´." Então, ele para e comenta: "Eu me pergunto: quem disse isso?" Bem, é claro que foi um ser humano! Isso é a extensão do ego tentando se projetar para fora. "Como é Deus? Como é o Divino?" Bem, provavelmente muito parecido conosco. Esse é o limite da nossa compreensão. Quando a comunidade científica olha para Deus como um Ser Supremo com uma longa barba grisalha e algum tipo de imagem ou visual que está tentando rastrear no universo, e não consegue encontrar tal entidade, isso não significa que não há nenhuma divindade ali. Não significa que não há um Ser Supremo por trás de tudo, inclusive dentro de você e desses cientistas. Significa que eles estão enganados. Significa que estão olhando para o lugar errado e procurando algo que nunca encontrarão, porque têm a descrição errada do que procuram.

Isso poderia ser a coisa mais importante que já aconteceu?

Theresa Pushkar: Conheço duas linhas de pensamento diferentes sobre acidentes e doenças. Uma delas é: "Eu assumo total responsabilidade." Você corre para o livro e descobre qual é a emoção básica que está relacionada com aquele órgão disfuncional em particular em seu corpo, dizendo: "OK, tenho algum tipo de bloqueio mental e emocional que está criando isso." Outras pessoas ficam muito aborrecidas e reclamam: "Como você ousa dizer que eu criei isso? Acidentes acontecem. Ferimentos, câncer e doenças acontecem. Isso não tem nada a ver com a minha consciência." Qual é sua opinião a esse respeito?

Joe: Há pelo menos dois modos de ver tudo isso. Um deles é, se você estiver no Primeiro Estágio, o de Vítima, ficar indignado e pensar: "Acidentes realmente acontecem" e "Eu sou apenas uma vítima desses acidentes". Mas, se estiver no Terceiro Estágio, de Aumento de Poder, olhará um pouco mais fundo e pensará "Talvez, de alguma maneira ou forma, eu tenha atraído, criado ou aceito isso."

Há muitas histórias de pessoas que tiveram câncer, sofreram um grave acidente de carro ou enfrentaram algum tipo de calamidade e, embora tivessem ficado traumatizadas por um tempo, superaram e concluíram que foi a melhor coisa que lhes aconteceu. Olharam para trás e pensaram: "Puxa, acho que atraí isso para me tornar um músico, seguir um caminho diferente em meu negócio, conhecer alguém que de outro modo jamais conheceria." Elas encontraram um motivo positivo para isso. E depois ficaram felizes por ter acontecido.

Isso parece absurdo até você começar a ler histórias como a de Lance Armstrong, que disse que o câncer foi uma das melhores coisas que lhe aconteceu e o motivo de ser um atleta de nível internacional. Ele é uma lenda dos tempos modernos. Ficará na história. Contudo, foi motivado por algo que outras pessoas considerariam absolutamente terrível, que as teria impedido de seguir em frente se fossem vítimas e continuassem a ser.

Você pode continuar a ser vítima, pensando "O acidente de carro aconteceu e fui vítima dele". Ou dizer "O acidente aconteceu, realmente ajudei a criá-lo e a transformá-lo em algo bom. Isso me fez crescer". Como ocorre com a maioria das coisas na vida, você pode escolher como percebe os acontecimentos. Você tem escolha sobre como percebe os assim chamados acidentes.

Theresa Pushkar: Então, essas são circunstâncias externas. São suas percepções que fazem diferença.

Joe: As circunstâncias externas são exatamente o que são, mas, de uma perspectiva mais divina, você as atraiu. Não estou menosprezando o fato de tê-las atraído. Estou sugerindo que você tem escolha sobre como vai olhar para elas. Se olhá-las como vítima, apenas as afastará para o lado. Colocará distância entre elas e você. E realmente não aprenderá com elas, exceto talvez a dizer "Pode ser que esta noite eu não beba quando for dirigir".

Contudo, você pode aprender mais do que isso e ver a conexão profunda em que, em um nível inconsciente, você criou a pequena cena, o pequeno gesto em que o acidente ocorreu. Mas você criou aquela cena, aquele gesto, aquela tragédia, para aprender algo. E quando aprende, cresce.

Mesmo no topo, você nunca para de crescer

Theresa Pushkar: Enquanto você discute os quatro estágios, eu aguardo ansiosamente e rezo para que me seja concedida a graça de experimentar o Quarto Estágio. Há um ponto, como por exemplo o Quarto Estágio, em que você não precisa mais de livros? Não precisa mais de nenhum programa de áudio? Não precisa mais de nenhuma orientação externa? Há um ponto em que, literalmente, todas as respostas vêm de dentro de você?

Joe: Essa é uma pergunta interessante. Eu não estou no Quarto Estágio. Sou mais como um jornalista falando sobre isso. Eu o conheço. Tive várias experiências de satori que me permitiram vislumbrá-lo. Mas sou como você. Ainda estou crescendo. Ainda estou evoluindo. Ainda estou me tornando cada vez mais consciente. No meu entender, você ainda desejará ler, ver TV, comer espaguete, dançar e ter experiências maravilhosas. Só que fará isso com um nível de consciência diferente.

Você ainda está crescendo. Ainda está aprendendo. Isso não significa que subitamente você é um velho e sábio computador, que pode responder a todas as perguntas sobre a vida ou sobre a morte. Significa que ainda está crescendo. Ainda está aprendendo. Em alguns aspectos e algumas áreas, ainda está lutando, mas com um nível profundo de confiança. Você faz isso com uma compreensão profunda de que está representando um papel em um drama cósmico, uma peça cósmica. E, nesse ponto, se diverte com isso. É capaz de rir de quase tudo, porque sabe que, em algum nível, está separado disso. Em algum nível você o criou, porque é parte do Divino.

E em algum nível, você sabe que está totalmente bem, porque, quando tudo terminar, voltará a se fundir com o Divino. Por isso, você não para de aprender. Não se desliga da sua vida. No meu entender, na verdade, fica mais ligado a ela.

A autenticidade é uma chave

Theresa Pushkar: Sua última resposta me fez lembrar de sua grande candura. Acho muito reconfortante e humilde da sua parte dizer: "Esta é a minha jornada. Estou nela com você." Você fala com muita confiança, um grande sentimento de aceitação. Estou pensando naqueles de nós que estão na jornada, no Primeiro e no

Segundo Estágio, em que realmente é difícil olharmos para dentro de nós, reconhecermos e sermos responsáveis, como parte de nós mesmos, por não estarmos onde gostaríamos de estar. Como encontrar a confiança para ser capaz de declarar tudo isso com amor e compaixão por si mesmo?

Joe: Uau. Bem, em primeiro lugar, obrigado pelo elogio. Em segundo, não conheço nenhum outro modo de ser. Acho que a autenticidade é parte da chave para passar por todos esses estágios, que ser totalmente honesto consigo mesmo é uma forma de seguir em frente no despertar. Acho que, se você mente para si mesmo em qualquer estágio, não cresce, porque está tentando se iludir. Quando digo abertamente que fui sem-teto ou que não estou desperto ou iluminado, na verdade, estou afirmando isso para mim mesmo e para o universo.

Creio que em algum ponto de minha vida percebi que, quando eu mentia para alguém, mentia para o universo, para o Divino, e o ensinava a não confiar em mim. Eu o ensinava, e ensinava a mim mesmo, a não confiar em mim. Se mentisse para você sobre onde estava em minha posição no mundo, em minha vida e em minhas lutas, se mentisse para você, isso pareceria melhor do que realmente era. E então eu rezaria para o universo, para Deus, para o Divino, e pediria: "Por favor, me traga isto e aquilo" ou "Por favor, me ajude com isto e aquilo".

O Divino diria: "Não sei se você realmente quer ou não, porque já afirmou que não é confiável." Aprendi que a total autenticidade, ainda que doa, significa dizer a verdade. Isso é honestidade implacável. Algumas pessoas vêm a mim e dizem: "Não sei o que quero. Não sei o que quero pedir. Não sei o que quero fazer com a minha vida, o que quero ser ou realizar." E eu respondo: "Você está mentindo. Está mentindo para si mesmo e para mim."

Se você é de uma honestidade implacável consigo mesmo – e digo propositalmente a palavra *implacável,* para você não tergiversar com a palavra *honesto* –, sabe em seu coração o que sempre quis fazer. Teve medo de dizer, porque assim que o disser terá que assumir a responsabilidade por não fazer. E isso é um pouco assustador para pessoas com mentalidade de vítima.

Então, para mim, tudo começa com total autenticidade. Seja honesto sobre quem você é, o que está fazendo, o que está tentando conseguir, o que está tentando atrair, o que gostaria de experimentar em sua vida, onde está em sua vida. Acho que o universo respeita isso. Acho que as outras pessoas respeitam isso, e que isso o ajuda a se alinhar com todo o processo de consciência, o processo evolutivo. A verdade é soberana. Ser implacavelmente honesto é uma busca espiritual.

Theresa Pushkar: Isso é muito poderoso. Agora tenho algo complicado para você.

A negação não o leva a lugar nenhum, exceto aonde você não quer estar

Joe: OK.

Theresa Pushkar: Negação. Por exemplo, pense em alguém que é passivo-agressivo. Recentemente, ouvi de um psicólogo que, se você é passivo-agressivo, não sabe que é. Então, como quem é passivo-agressivo, ou não sabe que está em negação porque tem uma grossa camada de proteção ao redor, começa a despertar?

Joe: É uma pergunta curiosa. Porque são as pessoas no estágio de vítima que estão prestes a ter seu poder aumentado. Digo isso porque, se elas negam quem são, o que querem, suas experiências, seus problemas, tudo isso, então estão no estágio de vítima. Estão dizendo que não têm que assumir o controle, que não têm que assumir a responsabilidade. De algum modo, estão desprezando tudo isso. Infelizmente, se você se lembra de quando perguntou sobre aqueles acidentes que aconteciam, os acidentes podem acontecer com esse tipo de pessoa. Algo as despertará bruscamente.

Quase reluto em dizer, porque não quero que pareça que estou plantando uma sugestão, mas descobri que, na maioria das vezes, as pessoas que não estão enfrentando o lado sombrio de si mesmas – que estão caindo em negação, não estão admitindo o que realmente querem – em algum ponto atingem o que outros chamam de "o fundo do poço". Realmente, penso no que aconteceu comigo quando fui sem-teto por tanto tempo. As pessoas dizem: "O que o despertou para perceber que estava usando como modelo de vida pessoas autodestrutivas, como Jack London e Ernest Hemingway? Eles eram autores maravilhosos, mas não tão bons em seus estilos de vida." Sim, eu os estava usando como modelo e, por assim dizer, "entrando pelo cano".

Acho que o que me despertou foi atingir o fundo do poço. Olhei ao redor e percebi: "Estou dormindo em um banheiro público. Estou dormindo em um banco de igreja. Não estou feliz. Não estou sendo bem-sucedido, não estou chegando a parte alguma." Partindo da minha mentalidade de negação, eu poderia dizer a todos: "Sou um autor. Vou ter livros publicados. Vou conseguir muitas coisas." Mas lá estava eu, pobre e sem-teto. Acho que você desperta porque sua mente inconsciente diz: "Enquanto você dorme, vamos fazer algo para despertá-lo." É aí que você começa a entrar no Segundo Estágio.

Eu preferiria que você entrasse no Segundo Estágio devido a *O curso do despertar*, devido a um filme como *O segredo* ou aos livros dos meus amigos John Assaraf, Lisa Nichols, Jack Canfield ou Bob Proctor – qualquer uma dessas almas maravilhosas –, para que seu despertar não fosse doloroso, mas tranquilo.

Theresa Pushkar: A boa notícia é que as pessoas já fazem isso. Estudam o programa com uma sensação de "Ah, esse é Joe, meu irmão. Ah, aí está fulana de tal, minha irmã. Ah, aí está meu chefe". E se elas não absorvem as palavras e os ensinamentos que você oferece e dizem "Ah, aí estou eu", podem reler o programa e voltar ao self até entender que são responsáveis por suas vidas.

Joe: Concordo. É bom lembrar que, se você tem este livro nas mãos, se o está lendo agora, isso significa que já ultrapassou o estágio de vítima. Na verdade, está se fortalecendo, porque estudar *O curso do despertar* é uma experiência poderosa. Você realmente teve que erguer a mão e dizer: "Quero despertar. Quero crescer. Quero passar para o próximo nível." Parabéns. Isso tem que ser uma sensação boa. Nesse sentido, você deixou de ser vítima, está mais forte e com mais poder.

O equilíbrio é a chave para abandonar o vício

Theresa Pushkar: Acho que outro ponto relacionado com não ver ou negar é que, em nossa sociedade, há muitos vícios que geralmente são aceitos. Vício em televisão. Vício sexual. Vício em computador. Modos de as pessoas evitarem viver seus problemas, ficando absortas nessas coisas. Vício em comer ou se exercitar. Coisas que as pessoas costumam achar que são positivas e podem ser feitas em excesso.

Joe: Sem dúvida. Também quero salientar que há um livro de William Glassner chamado *Positive Addiction.* Não existe vício positivo. Correr e se exercitar, por exemplo, são considerados vícios positivos. Se você faz isso a ponto de não aparecer no trabalho ou não prestar nenhuma atenção à sua família, provavelmente é um vício negativo. Provavelmente você está indo longe demais numa direção.

O equilíbrio é a chave. Realmente acho que o vício é outra forma de ser vítima. De compensar exageradamente uma área dolorosa. Há algo que você não quer enfrentar. Há algo que você não quer fazer e descobriu um modo de escapar. Você pode ser viciado em TV, comer, se exercitar, fumar, e várias coisas que sabe que o prejudicam.

Os maiores saltos: obtendo ajuda quando você precisa dela

Joe: Acredito muito em obter ajudar quando você precisa dela. Criei o programa *Miracles Coaching*, que creio que você conhece. Nesse programa, as pessoas obtêm encorajamento, apoio, informações e inspiração.

Descobri que dei os maiores saltos em minha vida tendo um treinador pessoal. O treinamento, é claro, é muito popular na área atlética. Jogadores de basquete e futebol têm treinadores. Agora funcionários em empresas têm treinadores. Casais em relacionamentos têm treinadores. Donos de coleções de vinho têm treinadores. Há todos os tipos de treinadores para todos os tipos de pessoas. Se elas sentem que estão viciadas em algo e não conseguem abandonar o vício sozinhas, em seu lugar, eu ergueria a mão e pediria ajuda. Não há nada de errado nisso.

Durante toda a minha carreira, sempre que encontrei um obstáculo no caminho que não conseguia superar, um dos meus segredos para o sucesso foi o fato de conhecer muitas técnicas de purificação diferentes. Conheço muitos modos diferentes de me sentir melhor. Mas, se ainda me sinto paralisado e viciado nesse problema, nessa pessoa ou nessa substância, seja o que for, ou há um problema irritante que simplesmente não desaparece, sei pedir ajuda. Tenho meus próprios Treinadores em Milagres a quem posso chamar.

Por isso, incentivo as pessoas a pedirem ajuda. Não tente ser um observador solitário. Tentei sê-lo durante um longo tempo, mas não se consegue alcançar o sucesso sozinho. Pelo menos não facilmente.

Theresa Pushkar: Descobri que o maravilhoso no treinamento é ter alguém a quem responder e prestar contas. Muita gente se considera extremamente disciplinada. Mas você pode aumentar sua aposta quando tem um Treinador compassivo, que o escuta, mas também lhe diz o que você precisa ouvir e pergunta: "O que você me trará na próxima semana? O que você tem?"

A responsabilidade é muito importante

Joe: Sim, acho isso muito importante. A responsabilidade é muito importante. Você tende mais a agir se sabe que na próxima segunda-feira conversará com seu Treinador e ele lhe perguntará: "Você se exercitou três vezes por semana? Trabalhou em seu romance? Abriu seu negócio ou traçou um plano de negócios?" Você tende mais a agir quando tem um Treinador. Algumas pessoas são suficientemente disciplinadas para fazer isso, mas acho que, quando você tem um Treinador, faz mais. Progride mais rápido e fica mais feliz com seu progresso, porque tem com quem partilhá-lo – alguém que insiste em que siga em frente, o incentiva e é como um chefe de torcida. Ter um Treinador é um grande segredo para o sucesso.

Theresa Pushkar: Você tem com frequência um ouvinte cativo totalmente concentrado em você, amoroso e encorajador?

Joe: Sim. Isso não tem preço.

A diferença entre conhecer e experimentar

Theresa Pushkar: Sim. Também me pergunto sobre experimentar versus conhecer. Estou certa de que muitos dos leitores ouviram vários programas e leram vários livros. Eles conhecem o material, mas ainda não o experimentaram. E essa é uma grande diferença. Eu mesma me debato com isso.

Joe: Sim, conhecer e experimentar são duas coisas diferentes. Mais cedo, quando falei sobre meditação, por exemplo, você pode ter balançado a cabeça e dito: "Ah, eu já meditei." Mas talvez tenha tido uma experiência muito diferente quando falei sobre meditação no mercado, na qual segue com seu dia e realmente medita enquanto trabalha e respira. Você fica consciente do que está acontecendo.

Essa é a diferença entre ler a receita de uma sobremesa e realmente comer a sobremesa. Comer a receita não é muito agradável. Mas comer a sobremesa de fato pode ser muito bom. Tenho um conhecimento intelectual do quarto estágio do despertar, mas não o experimentei. Na verdade, tive momentos de despertar que apreciei e acolhi positivamente, mas sei que ainda tenho que continuar a trabalhar.

Ainda medito todos os dias. Ainda tenho momentos de gratidão todos os dias. Ainda uso a técnica do *Ho'oponopono* da Identidade Própria todos os dias e, de fato, quase todos os minutos. Porque sei que há muito trabalho a fazer e que, quanto mais o faço, mais me preparo para o despertar, a iluminação, o satori, e o que quer que venha depois. Conhecer, em um nível intelectual, não é o bastante. Prepara você para o que está por vir, mas é apenas um passo nessa direção. Não é o passo final.

Isso não é trabalho

Theresa Pushkar: Quando você fala sobre trabalho, sei que quer dizer algo que traz muita alegria.

Joe: Sim.

Theresa Pushkar: Pode partilhar seus insights sobre isso?

Joe: Bem, essa é uma ótima pergunta, porque quando digo *trabalho* não me refiro ao que a maioria das pessoas considera trabalho. Elas vão para um emprego de nove às cinco, depois se queixam dele e o consideram trabalho. Mas sou uma pessoa muito prolífica e produtiva. Escrevi talvez cinquenta livros. Produzi alguns programas de áudio, muitos DVDs, um curso a distância, o programa *Miracles Coaching* e o programa *Executive Mentoring*. Faço todos os tipos de seminários. Dou palestras. Estou trabalhando em um blog. Estou envolvido em sites de mídia social, no Twitter, Facebook e MySpace. A lista continua.

As pessoas se perguntam: "Como você consegue trabalhar tanto?" Bem, isso não é trabalho, é diversão! Sorrio ao pensar nisso, porque realmente anseio por escrever. Realmente anseio por participar. Realmente anseio por momentos como este, em que partilho o que descobri. Fico feliz por outras pessoas estarem dispostas a aprender e a crescer com isso. Mal posso esperar para continuar a fazê-lo. Então, não é trabalho. É atividade, mas uma atividade tão estimulante e prazerosa que não consigo parar de realizá-la.

Posso ter usado a palavra *trabalho*, e ocasionalmente ainda uso, mas é porque estou fazendo coisas. É apenas uma palavra e definição. Para mim, não tem a bagagem emocional ou a conotação negativa que poderia ter para aqueles que não gostam do que fazem. Eu *gosto* do meu trabalho. É a minha diversão.

Partilhe a diversão

Theresa Pushkar: Bem, sentada na sua frente, sinto a energia que você emana. Claramente, isso o energiza; é sua paixão; você está em sua zona de conforto e, portanto, *esforço* parece uma coisa do passado para você.

Joe: Você está totalmente certa. Na maioria das vezes, esforço é algo do meu passado. Faço o possível para só fazer o que acho divertido. Se algo precisa ser feito e não acho graça nisso, como meu imposto de renda, entrego-o para o meu contador, que o acha divertido! Dessa forma, ponho o dinheiro em circulação e todos ficam felizes. É assim que o mundo realmente funciona. Todos nós temos papéis diferentes. O que é divertido para mim pode não ser para você. O que é divertido para o contador pode não ser para mim ou para você. Encontramos pessoas que gostam das tarefas que precisam ser realizadas, e as empregamos; elas, por sua vez, nos empregam para fazer o que fazemos. Dessa maneira, seguimos nosso chamado e o mundo funciona!

Quando você termina, termina

Theresa Pushkar: Isso me leva a outra pergunta. Recentemente ouvi de um mestre espiritual que, quando algo lhe causa repulsa, você o terminou. Acabou. Isso se opõe a outro ensinamento de que, se algo lhe causa repulsa, há alguma coisa ali que você não deseja ver dentro de si mesmo. Contudo, ouvi que, quando algo lhe causa uma profunda repulsa, você o terminou. E senti "Ah, isso parece certo e bom". Mas realmente existe um conflito aí. Qual é sua opinião a respeito?

Joe: Bem, não entendo a primeira possibilidade: "Quando algo lhe causa repulsa, você o terminou." Não faz nenhum sentido para mim, porque, em meu mundo, no modo como entendo que o mundo funciona, quando algo lhe causa repulsa, isso é um reflexo do que você tem *dentro* de si mesmo: a própria coisa que o perturba. Pode tê-la como um julgamento. Pode tê-la como uma qualidade. Mas ela está apertando um botão dentro de você. Acho que é bom encontrar alguma coisa que o perturba ou que lhe causa repulsa, porque isso lhe permite purificá-la. Quando você a purifica dentro de si mesmo, amando-a e descobrindo que a crença está por trás dela, fica livre.

Você pode descobrir que, depois desse processo de limpeza e purificação, a mesma coisa que lhe causava repulsa não significará nada da próxima vez em que a vir. Isso será como ler uma história em um livro. Não terá nenhuma energia, nenhuma negatividade, você estará livre. Mas não sei o que significa "quando algo lhe causa repulsa, você o terminou".

O objetivo é o amor incondicional

Theresa Pushkar: Então, esse é o sentido do amor incondicional, em que você literalmente purificou tudo e nada o perturba. Nada cria raiva ou frustração. Você reage com compaixão.

Joe: Adoro isso. Acho que nosso objetivo é o amor incondicional – amor incondicional em todos os aspectos da nossa vida, em tudo ao nosso redor. Se você é capaz de olhar para alguma coisa, não importa o que seja, e dizer sem julgamentos que isso é amor, veio de Deus, veio do Divino, está em um ponto do despertar. No que me diz respeito, nesse ponto você deve estar desperto. Se é capaz de ver uma barata e dizer "adoro isso", se consegue ver algo que no passado lhe causava repulsa e dizer "posso ver porque adoro isso, posso ver o valor e a positividade disso, e como é útil para tudo", então você está desperto.

Quando chega a um ponto em que aceita incondicionalmente tudo e toda a sua vida, está em um ponto de iluminação, ou muito perto dele.

Perdoe a todos – inclusive a si mesmo – por tudo

Theresa Pushkar: Isso leva ao tema do perdão. Pelo que ouvi dizer, o perdão não vende no mundo da autoajuda. Relutamos muito em perdoar. Sei que estou esgotando minha própria energia quando não perdoo, e ainda assim acho difícil perdoar.

Joe: Uau! Fico feliz por você ter tocado nesse assunto. O perdão provavelmente é uma das técnicas de limpeza e purificação mais poderosas que existe. Não falei sobre isso antes nesta entrevista, então, obrigado por me lembrar. Precisamos falar sobre isso. Minha regra prática é a de que, se você tem um bloqueio em algum ponto de sua vida, provavelmente é porque não perdoou a si mesmo ou a alguém envolvido que está relacionado com esse bloqueio. Frequentemente nos arrependemos de coisas que fizemos no passado. De coisas que dissemos. Sabe, quando jovens, todos nós cometemos erros.

Enquanto crescemos, continuamos a cometer. A maioria de nós não se perdoa. Nós nos prendemos a isso. Punimo-nos. Muitas vezes nos punimos inconscientemente. Perdoar a si mesmo e aos outros é a coisa mais poderosa que você pode fazer para liberar sua energia. Quando você não perdoou a si mesmo nem a outra pessoa em sua vida, ainda está carregando o passado. Não está neste momento, está no passado ou no futuro.

E se você não perdoou alguém, inclusive a si mesmo, ainda está no passado. Está levando consigo a carga, a energia, a mentalidade, as crenças, o rancor, o arrependimento, seja o que for. Você *deve* perdoar. Não ligo se isso é importante no mercado de autoajuda. Não me importo com o que pensam a respeito, porque sei que a coisa mais influenciadora que você pode fazer é um inventário das pessoas que precisa perdoar. Talvez até mesmo valha a pena escrever sobre isso.

Faça uma lista de "perdão"

Joe: Encontre um lugar para se sentar e escrever sobre isso em uma folha de papel ou em seu diário. Faça uma lista de todas as coisas que aconteceram e depois perdoe todos os envolvidos. De fato, enquanto estou falando e improvisando diante de você, ocorre-me que, quando discuti a mentalidade de vítima mais cedo neste livro, pedi aos leitores para fazerem uma lista de todos os momentos em que se sentiram vítimas. Seria maravilhoso reler essa lista agora e perdoar todos os envolvidos.

Talvez isso seja uma tarefa de vulto, mas você pode realizá-la aos poucos, todos os dias. Diga às pessoas envolvidas: "Sinto muito. Eu te perdoo. Eu me perdoo. Perdoo todos os envolvidos." Você pode até mesmo usar a técnica do *Ho'oponopono* da Identidade Própria: sinta o que está sentindo e peça ao Divino ajuda para perdoar. "Por favor, me perdoe. Sinto muito. Obrigado. Eu te amo."

Acho que essa dica é um bônus do Divino aqui. Se você realmente quer remover todos os obstáculos do seu caminho e ficar livre para seguir em frente sem nenhuma bagagem, volte atrás e perdoe a si mesmo e a todos os envolvidos. Quando respiro profundamente e penso a respeito, acho que provavelmente é algo surpreendentemente maravilhoso e transformador a ser feito. Perdoe a si mesmo e a todos.

Perdão Radical

Joe: Perdão radical significa perceber que nada de ruim jamais aconteceu. Isso é perdão radical – quando você, com amor incondicional, está no estado de espírito em que percebe que nada de ruim aconteceu.

Percebo que isso na verdade foi bom, me fez crescer, fez outras pessoas crescerem ou nós nos transformarmos. Quando você chega ao ponto em que percebe que nada de ruim aconteceu, está livre. Liberto.

Peça ao Divino para ajudá-lo a perdoar

Theresa Pushkar: É um insight maravilhoso. Em um determinado momento, enquanto você estava falando, pensei "Estou me esforçando para perdoar essa pessoa", "Estou me culpando por não conseguir perdoar, sabendo a energia que perco se não deixo isso para lá". Se apenas fico dizendo ao Divino e a mim mesma, "Sinto muito, por favor me perdoe", isso por si já limpa e purifica.

Joe: O que você está fazendo é pedir ajuda, o que é muito sensato. Se realmente sente que está paralisada e, por algum motivo, não consegue pedir perdão para si mesma ou para outra pessoa, pode se voltar para o Divino e dizer de um modo reverente: "Isso é demais para mim. Por favor, me ajude. Por favor, me perdoe. Sinto muito. Obrigada. Eu te amo." Realmente realizar o processo em cada sentimento de não ser capaz de perdoar. Deixe o Divino ajudá-la. Aprendi que o Divino a atenderá se você pedir.

Theresa Pushkar: Nós simplesmente não pedimos o suficiente, não é?

Joe: Não, não pedimos.

Theresa Pushkar: Bem, Joe, muito obrigada. Há muitas outras perguntas, mas estou certa de que também haverá muito mais programas.

Joe: Vou deixá-la com mais um pensamento. O dr. Hew Len, com quem escrevi o livro *Limite zero*, diz: "As perguntas são simplesmente da mente." Se você realmente as deixa vir e ir, está um passo mais perto do Divino.

8

Capítulo de Bônus

O que você quer?

Estou descobrindo que, se você deseja uma mudança profunda, pessoal e permanente em si mesmo e no planeta, precisa considerar que é mais responsável por tudo em sua vida – inclusive as vidas de todos os outros – do que jamais imaginou.

— Joe Vitale

Pode imaginar como seria sua vida se recebesse tudo o que sempre quis? Carros novos, mais dinheiro, a casa dos seus sonhos, sua alma gêmea, um iate, a cura para uma doença ou o que mais você quisesse. Como seria atrair um milagre hoje?

O que você quer? Um carro novo?
O que você quer? Uma casa nova?
O que você quer? Saúde e vitalidade?
O que você quer? Dinheiro para construir e investir?
O que você quer? Legislação progressiva?
O que você quer? Um jardim comunitário?
O que você quer? Tempo para retribuir?
O que você quer? Amor?
O que você quer? Riqueza?
O que mais? Paz mundial?

Os milagres podem acontecer em um instante

Quantos de vocês querem um milagre? Vocês querem um milagre ou não? Quantos de vocês querem um milagre hoje, nos próximos quarenta minutos? Não acredito em vocês. Quantos de vocês querem um milagre agora, nos próximos quarenta minutos? Qual?

Vocês estão conseguindo tudo o que querem? Ouço alguns "sins" e alguns "nãos". Vocês têm tudo o que querem? Tudo? Não querem mais nada? Sim, querem, caso contrário não estariam aqui. Vocês querem mais. Minha pergunta para vocês é, se querem mais e não o têm agora, por que não o têm? Alguns de vocês choram. Por quê?

Quero falar sobre *The Missing Secret*. Espero que tenham visto *O segredo*. Hoje, por acaso, entrei aqui com uma mulher, dirigi-me ao meu estande e quando lhe disse que tinha um, ela perguntou: "O que você faz?" Respondi: "Sou um autor e participei do filme *O segredo*." Ela disse: "O que é isso?" Não é surpreendente? O filme ficou em cartaz por dois anos e há pessoas que nunca ouviram falar nele, mas para aqueles que ouviram e o praticaram, quantos acham que isso não vai funcionar? OK, quantos querem dizer sim, mas têm medo de erguer as mãos? Sim, há algumas mãos se erguendo.

O universo se rearranja em torno de você

A Lei da Atração é a ideia de que aquilo que você pensa e sente atrai suas experiências de vida – as pessoas, os acontecimentos, tudo vem para você devido à sua vibração interna. *O segredo* só apresenta a ideia da Lei da Atração. Não a explica totalmente e é sobre isso que quero falar agora.

O segredo que faltava é a ideia de que quando você quer algo, primeiro tem que definir – você pode dizer, por exemplo, que quer uma casa, um carro. Falamos sobre toda essa ligação aqui e continuo a lhe perguntar: "O que você quer, o que você quer, o que você quer, o que você quer?" Perguntar-lhe repetidamente visa ajudá-lo a responder a essa pergunta com clareza e objetividade, mas, quando você a responde, quando diz algo, o que acontece depois? O que acontece depois? Alguns de vocês nem mesmo agem. Alguns de vocês esperam que algo aconteça.

Uma das críticas a *O segredo* é que parece que você apenas fica sentado em uma cadeira, imagina o carro que quer e depois desce as escadas e o encontra na entrada da garagem. O filme dá essa impressão a algumas pessoas, mas realmente não é assim que funciona. Eu estou no filme; sou o homem que diz "Vou desafiar você" e "O universo gosta de velocidade, o dinheiro gosta de velocidade. Ação é o que faz a coisa acontecer". Você tem um papel na cocriação de milagres, e seu papel é agir com ideias inspiradas.

Digamos que você escolheu o que quer, afirma estar agindo de acordo com o que quer, mas ainda assim isso não está acontecendo. Você diz que não o está experimentando. Não está conseguindo o emprego; não está aumentando suas vendas; não está encontrando o relacionamento; não está curando seu problema de saúde. Seja o que for, não está acontecendo. O que está acontecendo com isso? Isso significa que a Lei da Atração não está funcionando?

O universo está sempre ouvindo e responde para você todas as vezes – sem exceção

Isso significa que a Lei da Atração está funcionando muito, muito bem. Está funcionando em um nível inconsciente. Seu sistema operacional mais poderoso não é sua mente consciente, mas sua mente inconsciente. Sua mente consciente vê o universo através de uma pequena janela. Não tem a menor ideia do que está acontecendo, e nós nos identificamos com nossa mente consciente. Pensamos que temos o controle. Não temos.

Nossa mente inconsciente é o sistema operacional mais poderoso, e as crenças inconscientes nela estão fazendo você atrair tudo o que tem em sua vida, e, quando digo "tudo", não há escapatória, quero dizer *tudo* mesmo, e explicarei isso um pouco depois, porque estou falando sobre 100% de responsabilidade em um grau que a princípio o faz sentir-se desconfortável.

O que está acontecendo na mente inconsciente? Digamos, por exemplo, que você queira dinheiro e esteja usando afirmações como "Eu quero dinheiro, eu mereço dinheiro, eu adoro dinheiro, o dinheiro é meu amigo", todas essas coisas maravilhosas que aprendemos a fazer em livros como *O dinheiro é meu amigo* e outros que escrevi, como *Criando riqueza e prosperidade – O fator de atração.*

A culpa não é sua – você só é responsável

Você faz tudo isso e visualiza ter o dinheiro. Visualiza que as coisas estão vindo para você exatamente como as deseja, mas ainda assim elas não acontecem. Você tem intenções conflitantes. É muito normal e bom ter intenção: "Vou me exercitar três dias por semana"; "Vou atrair esse romance"; ou "Vou aumentar minhas vendas nessa semana em particular". Seja o que for, é muito bom ter essa intenção.

Contudo, se tiver intenções conflitantes em sua mente inconsciente, que vetam sua intenção, não verá resultados ou, se os vir, os afastará. Você se sabotará e encontrará um modo de anular sua intenção, porque não sente que a merece. Não sente que a merece devido às intenções conflitantes.

Falo muito sobre dinheiro porque uns trinta anos atrás fui sem-teto. Alguns de vocês já sabiam, ouviram no vídeo que acabou de ser exibido. Durante muitos anos, não consegui falar sobre isso, porque era muito perturbador e triste. Naquela época, eu vivia em Dallas, e durante algumas décadas achei muito difícil voltar para lá. Como havia sombra e nuvens escuras em torno de mim e do meu relacionamento com Dallas, sempre que eu voltava para lá coisas ruins aconteciam.

Lembro-me do dia em que fui de carro para lá, e assim que atravessei os limites da cidade fui parado por um policial. Como diabos isso aconteceu? Eu o atraí magneticamente, embora não soubesse na época, porque ainda tinha todo aquele lixo inconsciente sobre Dallas e ser sem-teto.

Vivemos em um universo movido por crenças: mude suas crenças e mudará sua vida

Muita gente tem dentro de si questões inacabadas que precisam ser completadas, crenças e intenções conflitantes que precisam ser abandonadas. Alguns de vocês podem dizer "Quero mais dinheiro" e não obter. Isso se deve a intenções conflitantes, que dizem coisas como "O dinheiro é a origem de todos os males", "O dinheiro corrompe", "Você tem que trabalhar duro para ganhar dinheiro", "As pessoas ricas são más". Todos são bons motivos para conflitos em relação ao que querem. As crenças de consciência de massa produzem intenções conflitantes.

Por isso, embora você esteja dizendo para si mesmo "Quero mais dinheiro, quero mais dinheiro", lutando para obtê-lo, assistindo a *O segredo* e lendo sobre a Lei da Atração, não é bem-sucedido porque *inconscientemente está dizendo* "O dinheiro é ruim; o dinheiro é diabólico; as pessoas gananciosas são más; as pessoas ricas são más; todas as grandes corporações visam a nos prejudicar. O dinheiro vai me dominar e eu me tornarei diferente". Tudo isso está dentro de você, e é o sistema operacional mais poderoso.

Você tenta atrair dinheiro com essa fraca tentativa, mas inconscientemente o afasta. Então, diz: "A culpa é da economia; a culpa é do presidente; a culpa é de outra pessoa."

O Primeiro Estágio do despertar começa com a mentalidade de vítima

Eu acredito que a vida é um processo de despertar. A vida é um processo de despertar. Nascemos com consciência de vítima. Há exceções, mas, em termos gerais, quando nascemos, dependemos de nossos pais como nossos primeiros programadores, mais tarde de nosso sistema escolar, nossa religião e nosso governo – e nenhum deles nos programa para o poder.

Novamente, há exceções, mas a maioria das pessoas, nas quais me incluo, nasce sentindo "Sou uma vítima das circunstâncias; uma vítima dos outros". É assim que a grande maioria das pessoas vive hoje, como vítima. Esse é o Primeiro Estágio no processo do despertar.

Ao passar por esse processo, em algum ponto você acaba assistindo a um belo filme, como *O segredo*. Há outro filme, chamado *The Opus*, que você poderia ver. E outro chamado *Try It on Everything*, que é maravilhoso. Você poderia ler um livro, como *Criando riqueza e prosperidade – O fator de atração* ou algumas das obras de Jack Canfield ou Bob Proctor, ou de qualquer uma das outras pessoas que participaram de *O segredo* e *The Opus*. Nesse ponto, desperta e percebe: "Eu não tenho de ser vítima. Tenho mais poder do que nunca." Você começa a assumir um pouco do controle. Começa a se envolver.

Alguns dirão: "Subitamente, consigo manifestar vagas para estacionar." Quantos de vocês conseguem fazer isso agora? Foi muito fácil estacionar aqui neste fim de semana porque todos nós nos tornamos bons nisso, certo? Todos nós nos tornamos bons em evocar vagas para estacionar, mas por que não conseguimos manifestar coisas maiores? Devido à presença das intenções conflitantes.

Segundo estágio: de vítima para aumento de poder

Em algum ponto, você passa para o Segundo Estágio e começa a perceber que está despertando, que tem mais poder do que nunca, e cria uma visão mais detalhada. Começa a afirmar intenções e a agir de acordo com elas, a ver resultados suficientes para pensar "Isso é mágico e eu acredito em magia. Acredito em milagres. Acredito que agora é a época das maravilhas".

Terceiro estágio: do aumento de poder à rendição

Então, vêm outro livro, outro filme, outro acontecimento que precipita o Terceiro Estágio. Escrevi um livro chamado *Limite zero*. Quantos de vocês o leram? Ah, alguns leram. *Limite zero* provavelmente é o livro mais importante que já escrevi. É muito pessoal, muito íntimo, capaz de mudar minha vida e a vida de quem o lê. Muita gente lê *Limite zero* ou ouve meu último programa de áudio *The Missing Secret*, porque, quando conto uma certa história, elas percebem que o Terceiro Estágio é sobre rendição. O Terceiro Estágio é sobre se tornar um servo do que chamo de Divino.

É onde estou e gostaria que vocês estivessem hoje. Comecei perguntando "Quantos de vocês querem um milagre?" e obtive respostas bastante entusiásticas. Quantos de vocês ainda querem um milagre? OK, vocês ainda estão comigo.

Quando evoluímos, novas portas se abrem

No livro *Limite zero* e no programa de áudio *The Missing Secret,* conto uma história real, na qual, a princípio, não acreditei. Talvez você também não acredite, mas, quando a ouvi, ela mexeu comigo.

A história é sobre um terapeuta que trabalhou para um hospital psiquiátrico para criminosos perigosos no Havaí. Eles eram sedados e imobilizados todos os dias. Os funcionários do hospital estavam indo embora. Os psicólogos pediam demissão depois de trinta dias. Não conseguiam suportar aquilo. Você tinha que andar pelos corredores com as costas viradas para a parede porque temia ser atacado. Era ruim a esse ponto. A rotatividade era enorme: as enfermeiras, os médicos e os assistentes sociais iam embora. Aquele era um lugar infernal.

100% de responsabilidade muda tudo

Um terapeuta, que concordou em trabalhar para o hospital, conhecia uma técnica de cura havaiana. "Irei ao hospital, mas não atenderei os pacientes pessoalmente. Lerei suas fichas e farei meu trabalho de cura", ele disse. Ele trabalhou na privacidade e segurança de seu próprio consultório. Com seu método, ajudou a curar todos aqueles criminosos mentalmente doentes, e o fez rendendo-se ao Divino e assumindo 100% da responsabilidade por tudo o que estava acontecendo.

Isso tem a ver com para onde quero levá-los. Digo: "A vida é um processo de despertar. O terceiro estágio é sobre rendição." Estou prometendo um milagre hoje, e preparando você para ele agora.

Não acreditei naquela história sobre o terapeuta, mas fui pesquisar sobre ele porque achei que, se fosse verdade, tinha que saber, encontrá-lo e contar para o mundo. Realmente o encontrei. Estudei com ele. Fiz workshops com ele. Fizemos workshops juntos. O nome dele é dr. Ihaleakala Hew Len. Eu o chamo apenas de dr. Hew Len. Ele pratica um método de cura chamado *Ho'oponopono*. Mais precisamente, *Ho'oponopono* da Identidade Própria. Para simplificar, eu o chamo de método do dr. Hew Len.

Você cria sua própria realidade

É um método para você purificar sua mente inconsciente, assumindo 100% de responsabilidade e se livrando daquelas intenções conflitantes de que nem mesmo tem consciência. Acompanhe meu raciocínio. Ele disse que todos nós já ouvimos a frase: "Você cria sua própria realidade." Quantos de vocês a ouviram? Sim, você cria sua própria realidade.

Esse tipo de público é mais desperto. Você ouviu a frase; você a conhece. Provavelmente a tem num adesivo colado em seu carro. Você sabe disso, mas o dr. Hew Len a levou para um nível que eu nunca havia imaginado. Isso realmente levou minha mente a um nível quântico simplesmente incrível. Ele basicamente disse que, se você cria sua própria realidade, então, qualquer um que surja nela, inclusive um criminoso mentalmente doente, também foi criado por você.

Certo. Ah, meu Deus, até mesmo agora, quando penso nisso, é surpreendente, porque é 100% sua responsabilidade; na verdade, algumas pessoas disseram que é mais de 100%, talvez 200%, porque você é responsável por tudo o que acontece em sua vida e, portanto, por tudo o que acontece na vida de todos que surgem em sua vida. Isso parece avassalador.

Você está conectado a um poder superior

O dr. Hew Len examinava as fichas dos pacientes. Lembre-se de que eles eram criminosos violentos com problemas mentais. Em muitos casos, assassinos. As pessoas os temiam. O dr. Hew Len examinava os casos e sentia o que sentia. Podia ser raiva, frustração, desespero ou desapontamento. Não sei o que era. Fosse o que fosse, ele se dirigia ao Divino. Para você, isso pode significar Deus, vida, o planeta ou Gaia. Seja qual for a palavra que escolher, é o poder maior do que você, seu poder superior. Seu ego não está no controle. Esse poder é maior do que você pensa, você está conectado com ele e é parte dele.

O dr. Hew Len levava seus sentimentos e pedidos para o Divino com quatro frases: "Sinto muito. Por favor, me perdoe. Obrigado. Eu te amo." "Sinto muito. Por favor, me perdoe. Obrigado. Eu te amo". Eu lhe perguntei que diferença faria para um criminoso mentalmente doente, sentado em uma ala ou num quarto do hospital, enquanto o dr. Hew Len trabalhava em seu próprio consultório, sem nem mesmo vê-lo, dirigindo seu pedido para o Divino. Como isso funciona?

Todos nós estamos conectados – somos um só

Ele afirma que todos nós estamos conectados com o Divino. Basicamente, com essas quatro frases, você está dizendo: "Sinto muito, não tenho a menor ideia do que em mim ajudou a cocriar essa pessoa e esse comportamento. Não tenho a menor ideia. Sinto muito. Tenho estado inconsciente. Por favor, me perdoe por não saber como participei." Como nossas crenças são inconscientes, na maioria das vezes não sabemos quais são. Você pode descobri-las, e eu lhe mostro, em *The Missing Secret* e em alguns dos meus outros livros, modos de investigá-las, mas você não precisa conhecê-las.

"Sinto muito. Por favor, me perdoe. Obrigado"

Você está dizendo: "Por favor, me perdoe. Eu não sabia. Estava totalmente inconsciente." Está dizendo: "Obrigado." Obrigado demonstra uma gratidão incrível; é um motivador incrível. Conecta você com o Divino; você está agradecendo ao Divino por cuidar disso, por purificar as crenças, a negatividade, as limitações. O dr. Hew Len limpava qualquer programação que tivesse criado essas pessoas na vida dele.

"Eu te amo"

A frase *Eu te amo*, para mim, é a mais poderosa. É o mantra que pode mudar o planeta. Aprendi a torná-la meu novo monólogo interior. Em vez do monólogo interior que a maioria de nós tem, que é muito crítico em relação a nós mesmos e às outras pessoas, meu monólogo interior agora é: "Sinto muito. Por favor, me perdoe. Obrigado. Eu te amo." Estou dizendo isso para você neste momento com consciência do Divino.

O dr. Hew Len dizia isso, repetidamente, *para o Divino,* a cada paciente. Em alguns meses, aqueles pacientes não precisaram mais ser imobilizados e sedados. Seis meses mais tarde, alguns foram liberados. Dois anos depois, quase toda a ala tinha sido considerada curada e liberada. Ninguém esperava que aqueles criminosos trancafiados, com problemas mentais, algum dia fossem liberados. Não é surpreendente? O dr. Hew Len o fez com algo que você e eu podemos fazer: podemos anular intenções conflitantes dizendo: "Quero essa casa; quero esse romance; quero essa riqueza; quero a paz mundial; quero ... [preencha a lacuna]."

Com a ajuda do Divino, tudo pode ser apagado

Quando você afirma sua intenção, percebe que isso ainda não está acontecendo, começa a ficar impaciente e frustrado e a questionar tudo e todos, perguntando-se se há algo de errado com você. Sejam quais forem os sentimentos que surgem, parte do seu despertar é perceber que pode apagar isso tudo levando-o para o Divino.

Leve para o Divino o que você estiver sentindo. Quando o sentir, atente para seu relacionamento com o Divino, seja o que for que isso signifique para você. "Sinto muito. Por favor, me perdoe. Obrigado. Eu te amo. Sinto muito. Por favor, me perdoe. Obrigado. Eu te amo." Essa não é a técnica de purificação mais simples de que ouviu falar? Quantos de vocês já estão fazendo isso?

Seja feliz primeiro

Quando as pessoas dizem que querem coisas, como carros, casas ou o que for, há uma grande ilusão: você pensa que quando tiver o carro, a casa, o relacionamento, a riqueza, o que quer que esteja procurando, será feliz.

Seu ponto de poder: a felicidade está aqui e agora

Essa é a grande ilusão. O grande engano. Quer saber por quê? A felicidade está *bem aqui.* Estou usando esta camiseta "Viva o presente", que comprei nesta convenção. Está sendo vendida em um estande, não no meu. *Viva o presente.* Esse é o segredo. O verdadeiro segredo. Ao que me consta, ele não está faltando; está bem aqui na sua cara. É bastante óbvio. Parte desse despertar é perceber que seu ponto de poder é bem aqui, neste momento.

Uma coisa ótima, um verdadeiro milagre, acontece quando você entende isso. Você olha para este momento e pensa "Ah, meu Deus, veja onde estou; veja as pessoas com quem estou; veja quem estou ouvindo; veja as pessoas que estão nos estandes aqui; veja tudo o que está acontecendo neste lugar. Isso é um milagre. Um milagre de Deus."

Os milagres estão acontecendo neste momento

Veja o que Judd, o homem que promoveu este evento, está fazendo, reunindo todas essas pessoas e todos esses grandes oradores. Isso é um milagre. Está acontecendo aqui, está acontecendo agora; mas não é só isso agora, este momento, este momento, este momento, são todos os meus milagres.

Quando você entende isso e sente que está presente, que está aqui neste momento, acontecem coisas em sua vida tão espetaculares que você nunca poderia ter imaginado. E não poderia porque seu ego estava criando as imagens. Seu ego dizia: "Ah, quero esse belo carro." Mas o universo dizia: "Tenho esse carro realmente espetacular para lhe oferecer, se você apenas me der uma chance."

Talvez você tenha se concentrado em um determinado relacionamento com uma pessoa em particular. Ouço muito isso: "Como consigo atrair essa pessoa para mim?" Há 6 bilhões de pessoas no planeta. Não há alguém que poderia ter qualidades parecidas com as que você procura, além da pessoa que tem em vista? Quando você parte deste momento, a magia e os milagres acontecem.

Uma das histórias que mais gosto de contar é de quando fui a *Larry King* pela primeira vez. Estávamos esperando no lado de fora, na área de segurança, e alguns dos meus heróis estavam ali. Todos nós estávamos de pé, empolgados, pegando nossos crachás e passando pela segurança. Então, um deles me deu um tapinha nas costas e disse: "Isso não é fantástico? Estamos no *Larry King*. Estou visualizando isso há seis anos." Retruquei: "É mesmo? Eu só estou visualizando há duas semanas." É claro que eu estava brincando com ele, fazendo essa coisa masculina, tentando demonstrar superioridade. Nós nos tornamos bons amigos depois disso.

Quando o universo discar seu número, atenda o telefone

Na verdade, o ponto alto da história, que meu amigo não sabe e estou contando, é que... *nunca* visualizei aquilo. Nunca, jamais. Só atendi o telefone e entrei no avião. Agi e me diverti muito. Na segunda vez em que fui ao programa, não tinha visualizado que voltaria. Foi bom ir pela primeira vez. Quero dizer, é algo que você põe em seu álbum de recortes de jornal, certo? *Larry King Live?*

Na segunda vez, entraram em contato comigo na noite anterior, convidando para estar no programa, ao vivo, na noite seguinte. Não havia visualizado isso. Não pretendi. Atendi o telefone, disse sim e corri para conseguir um voo. Cheguei cedo na manhã seguinte, participei do programa e voltei. A magia e os milagres acontecem quando você está neste momento.

Shh... o Divino está falando

Alguns de vocês leram um de meus primeiros livros, *Criando riqueza e prosperidade – O fator de atração*, e mais tarde *Limite zero*, e estão um pouco confusos: "Em *Criando riqueza e prosperidade – O fator de atração*, você fala sobre intenções, e no filme *O segredo* tudo tem a ver com intenções, mas agora você diz 'Abandonei as intenções'. Então, qual é a verdade?" A verdade é que não abandonei as intenções – abandonei as intenções do *ego*. Faço o possível para partir do que o Divino deseja para mim. Para saber o que o Divino deseja, tenho que estar aqui, neste momento.

Deixe o Divino falar por seu intermédio

Tenho um estande aqui, e alguns de vocês podem ter me visto andando por ele antes de vir para o palco. Provavelmente viram que eu estava um pouco nervoso. Por que eu estava um pouco nervoso? Eu não tinha a menor ideia do que ia dizer. Não sabia de nada. Fiquei em pé ali enquanto punham os microfones em mim e um amigo, que está aqui em algum lugar, me perguntou: "Você está pronto? Sabe do que vai falar?" Respondi: "Não sei de nada."

Rhonda, que me apresentou e falará um pouco sobre Treinamento em Milagres, me perguntou sobre o que eu ia falar, e respondi: "Nunca sei. Ficarei tão surpreso quanto os outros quando me levantar aqui." Isso é porque aprendi a partir do momento. É claro que não estava totalmente nele, caso contrário não teria ficado nervoso. Não teria tido aquele pequeno arrepio de medo, mas sou humano e estou admitindo a presença do medo.

Agora estou no palco. Não estou nem um pouco nervoso. Só estou deixando isto surgir. O que está surgindo me leva além do que meu ego teria dito. Meu ego teria planejado uma palestra, feito uma apresentação em PowerPoint com todos os tipos de itens para apresentar a vocês. Provavelmente, teria sido divertido e útil, mas quero ir além. Continuo dizendo: "A vida é um processo de despertar." Também estou nesse processo. Também estou despertando. Todos nós estamos, e estamos nisso juntos.

Deixe o Divino dirigir – ele o levará além dos seus sonhos mais loucos

Estou num ponto de dizer às pessoas, e lembrar a mim mesmo, que aquilo que você quer está aqui. Quando você parte daqui, o Divino o inspira sobre o que você quer a seguir. Essa é uma intenção divina.

Para lhe dar meu exemplo favorito, realmente gosto de carros e tenho uma pequena coleção. Se quisesse ter a maior coleção de carros do mundo, uma tão grande que Jay Leno invejaria, indagando: "Quem diabos é esse homem de Wimberley, Texas, que tem uma coleção de carros maior e melhor do que a minha?" E ele desejaria vir aqui, haveria uma pequena guerra de egos sobre quem tinha mais carros, os melhores carros, tudo isso. Se esse fosse meu objetivo, seria puro ego. Puro ego. Os carros que adquiri vieram principalmente de inspiração – e, com frequência, no último minuto.

Você pode confiar na ação inspirada

Alguns de vocês sabem que consegui atrair o carro que Steven Tyler, do Aerosmith, costumava dirigir, um carro de corrida exótico produzido em 1998, um modelo fora de linha, um carro que Tyler dirigiu e bateu, pelo menos duas vezes. Ele o assinou, é um carro de colecionador. Eu o encontrei no eBay, duas horas antes de o leilão ser encerrado. A pessoa que o vendeu não ligava muito para ter pertencido a Steven Tyler. Algo estalou dentro de mim e disse: "Essa é uma oportunidade de investimento, ter um carro de Steven Tyler, dirigi-lo por algum tempo e depois vendê-lo como "O Segredo de Joe Vitale, Steven Tyler..." Não sei qual o tamanho do anúncio que você pode colocar no eBay, mas meus pensamentos vieram de um lugar divertido, um lugar separado. Outra parte do segredo que faltava é que você deve purificar essas intenções conflitantes com um método simples, como o *Ho'oponopono* do dr. Hew Len: "Sinto muito. Por favor, me perdoe. Obrigado. Eu te amo."

Quando se tornar mais consciente do lugar de onde as intenções estão vindo, saberá melhor se essa é uma intenção do ego. Perceba que o ego parece estar na cabeça, no intelecto, nos pensamentos. Ou se vem mais do Divino, que parece estar na área do coração. Com a prática, poderá sentir a diferença, e, se não sentir, continue a purificar. A purificação é: "Sinto muito. Por favor, me perdoe. Obrigado. Eu te amo. Sinto muito. Por favor, me perdoe. Obrigado. Eu te amo."

Acho que um dos problemas das pessoas é que elas se tornam muito ligadas no resultado final. Pensam "Tenho que ter essa pessoa em particular", ou têm que ter aquela casa, aquele emprego ou quantia em particular. Isso ocorre quando o ego tenta controlar a situação, e é uma limitação.

Deus lhe deseja abundância

O universo está tentando lhe dar mais. Você tem que deixar o apego para lá. As pessoas me perguntam: "O que isso quer dizer?" Você tem de partir de um ponto divertido. "Não seria divertido ter mais clientes? Não seria divertido ter esse tipo de relacionamento? Não seria ótimo e divertido ter essa casa ou essas férias?" Preencha a lacuna.

Contudo, perceba a diferença. Você não está apegado a isso. Não está viciado nisso. Se tem a sensação de que viverá ou morrerá se tiver, ou não, essa coisa, está viciado nela. Esse vício tem uma energia inconsciente que afasta o que você procura. Você precisa ter uma energia de diversão. Isso não seria divertido? Não seria ótimo?

Assisti ao programa de Donny Deutsch, *The Big Idea*, exibido pela rede de televisão norte-americana CNBC. Quantos de vocês assistiram a ele? Eu realmente queria ir lá. Adoro o programa dele. Note como estou falando sobre isso. Adoro o programa dele. Eu o admiro.

Ele me inspira. Craig Perrine e eu escrevemos um livro chamado *Inspired Marketing* e o dedicamos a Donny Deutsch.

Como pode ver, eu sentia que adoraria ir ao programa. Só queria conhecer aquele homem. Acabei indo e foi muito divertido. Fiquei entusiasmado como um garotinho, me remexendo no assento do avião e pensando "Ah, mal posso esperar para chegar lá. Vou conhecer Donny Deutsch. Vou conhecer Donny Deutsch." Eu tinha 54 anos e agia como se tivesse 12.

Os segredos do universo são mais simples do que você pensa

Quando cheguei lá, estava muito ansioso por conhecê-lo e o conheci, e me disseram quanto tempo eu ficaria no programa. "Você terá uns quatro minutos para contar os segredos do universo – quatro minutos. Lá está a câmera; comece a falar."

Fiz isso, mas sem vício. Sem apego. Era um desejo ardente e alegre que dizia: "Seria divertido estar no programa dele." Esse é o tipo de mentalidade que você tem que ter. Tudo isso são elementos do que chamo de *o segredo que faltava.* Você só tem que continuar a purificar as intenções conflitantes.

Um dos melhores modos de purificá-las, que muitos de vocês já conhecem, é obviamente o *Ho'oponopono*, o método do dr. Hew Len. "Sinto muito. Por favor, me perdoe. Obrigado. Eu te amo." Isso merece nossos aplausos.

Quantos de vocês conhecem as *Emotional Freedom Techniques* (EFT)? Muitos. Esse é o método das batidas, e há um DVD chamado *Try It on Everything.* Está sendo vendido aqui, não no meu estande, mas acho que atrás. Se vocês derem uma volta por aí, o encontrarão... e podem afastar com batidas muitas das crenças que surgem. Alguém me lançou uma crença bem agora.

Seu nível de merecimento é compatível com sua conta bancária

"Eu não sou digno" é uma crença muito comum. "Eu não sou digno" é quase um sentimento universal. Na verdade, quase todos nós temos um nível interno de merecimento que não nos permite ter mais coisas boas. Nós as afastamos. Esse é um insight importante. Escrevi e falei sobre isso em meu programa de áudio *The Missing Secret*. Você tem um nível interno de merecimento, um ponto definido, baseado em suas crenças inconscientes. Seu sentimento de "eu não sou digno" está estabelecido há muito tempo. Você pode eliminá-lo com batidas.

O DVD *Try It on Everything* explica isso melhor, mas eu lhe apresentarei a versão resumida. Para a crença "eu não sou digno", bata na parte de baixo do ponto do caratê em sua mão. Então, diga: "Embora eu não seja digno, me amo profundamente, me aceito e me perdoo."

De fato, vamos fazer isso agora. "Embora eu não seja digno, me amo profundamente, me aceito e me perdoo. Embora eu não seja digno, me amo profundamente, me aceito e me perdoo." Dizendo isso, você não está ancorando a crença, na verdade, a está liberando. Está se concentrando no que liberará. Está batendo, pegando a crença e acrescentando: "Eu me amo profundamente, me aceito e me perdoo."

Então, bata no ponto da coroa: "Eu não sou digno." Bata acima dos olhos: "Eu não sou digno." Bata debaixo do nariz: "Eu não sou digno." Debaixo do lábio: "Eu não sou digno." Uso essa técnica de batidas todos os dias. Fiz isso antes de ir para o palco. Eu disse que estava um pouco nervoso. Afastei o nervosismo com essa técnica. *Try It on Everything* mostra uma técnica de limpeza. O próprio nome do filme diz: "Experimente isso em tudo." Não importa o que estiver acontecendo em sua vida, experimente.

Peça ajuda: pede e receberás

Outro modo é ter um treinador. Acredito muito nisso. Vejam bem, fui sem-teto uns trinta anos atrás. Já falei sobre meus anos em Dallas. Quando fui para Houston, lutei contra a pobreza por mais dez anos. Fui vendedor de carros, repórter, operário, motorista de caminhão e motorista de táxi. Passei por todos os tipos de coisas que realmente odiava. Lembro-me de quando trabalhei para uma empresa petrolífera. Chorava quando ia para o trabalho e quando voltava para casa, porque era muito infeliz.

Como deixei de ser pobre e sem-teto e me transformei em alguém que coleciona carros de astros do rock, tem uma vida de luxo, quase todas as noites toma um banho quente de banheira, olhando para as estrelas e dizendo: "Obrigado pela minha vida"? Como cheguei aqui?

Essa é uma das perguntas que mais me fazem. Em primeiro lugar, cheguei aqui porque sempre trabalho em mim mesmo. Ainda estou trabalhando. As pessoas podem ver a evolução de Joe Vitale apenas lendo meus livros.

Cheguei aqui porque ajo, sou persistente, realmente tenho uma intenção, visualizo e leio o tempo todo. Graças a Deus pelas bibliotecas. Quando eu era sem-teto em Dallas, fui a bibliotecas e li *The Magic of Believing*, livros de Dale Carnegie e muitos outros que me ajudaram a trabalhar em mim mesmo e a encontrar caminhos para seguir em frente.

Porém, para ser sincero, tudo isso me levou para frente muito devagar. Para mim, o que causou o salto quântico foi ter um treinador. Quantos de vocês têm um treinador agora? Muitos têm. Um treinador é alguém que pode lhe dar feedback sobre suas crenças, amorosa, alegre e perceptivamente. Como suas crenças são suas, elas parecem a realidade. Você acha que são. São uma realidade criada pela crença. Mude suas crenças e obterá um resultado diferente.

Trabalhei com um treinador e falei sobre isso em *Criando riqueza e prosperidade – O fator de atração*. Também falei em meu programa de áudio *The Missing Secret*. Tendo um treinador, tive alguém que pesquisava para mim, me apoiava e encorajava, e também projetava uma luz em minhas crenças de um modo alegre e não julgador. Foi o principal motivo que me ajudou a mudar.

Você pode mudar suas crenças: apenas decida

Posso lhe dar um ótimo exemplo. Passei por toda essa fase, como a maioria de nós. Muitos de vocês ainda podem estar nela. Você acha que quanto mais dinheiro gasta, menos dinheiro tem. Certo? Não? Não acredita nisso? Quantos de vocês acreditam? Quanto mais dinheiro você gasta, menos dinheiro tem. Isso não parece boa matemática? Não é o que um contador diria? Eu acreditava nisso: que quanto mais dinheiro gastasse, menos dinheiro teria. Mudei minha crença. Mudei-a. Um treinador me disse que isso era uma crença – não uma realidade. É uma crença. Eu a chamo de realidade, mas é apenas uma crença.

Quanto mais dinheiro eu gasto, mais dinheiro recebo

Agora minha crença é esta: quanto mais dinheiro eu gasto, mais dinheiro recebo. Nunca conseguirei convencer um contador disso, mas é a minha realidade. É o que acontece comigo. Quando tenho vontade de comprar algo, está no fundo da minha mente: "Se eu for em frente e comprar, doar para essa causa em particular, começar esse movimento em particular e investir muito nele, muito mais dinheiro virá para mim." Essa é minha nova crença. Como é minha nova crença, acontece. É a coisa mais surpreendente. Um treinador me ajudou nisso.

Agora vou convidar Rhonda a falar durante alguns minutos sobre meu programa *Miracles Coaching*, e depois voltarei para encerrar as atividades.

Rhonda: Obrigada, Joe. Só quero dizer que este homem é muito inspirador e sei que vocês ficaram comovidos com o que ele disse hoje. É um grande privilégio falar sobre o programa *Miracles Coaching*. Trabalho com algumas pessoas maravilhosas e sou inspirada por este homem todos os dias. Vejo clientes entrarem no programa com uma série de crenças, como Joe disse.

Eles não têm a menor ideia de como suas vidas podem ser. Não têm a menor ideia dos limites do que está disponível para eles, da abundância que podem ter. Buscam relacionamentos, sucesso nos negócios, sucesso em suas famílias e com seus filhos. Buscam sucesso fisicamente. Carregam o peso de doenças e tenho visto repetidamente centenas de pessoas obterem grandes progressos e milagres com esse programa. Todos os dias elas têm oportunidade de aprender com este homem como fazer tais progressos, como parar de acreditar nas coisas que limitam sua vida.

Estaremos hoje no estande de Joe. Estou com alguns dos meus colegas e, se tiverem perguntas sobre o programa *Miracles Coaching*, por favor, parem e conversem conosco. Adoraríamos ter oportunidade de lhes falar a respeito. Só quero que saibam que é um grande privilégio trabalhar com este homem. Obrigada por sua atenção.

Tudo de que algum dia você precisará está neste momento

Joe: Bem, vou terminar. Falei sobre *The Missing Secret*. Quero que saibam que o milagre existe agora. O milagre está neste momento. Se continuarem a respirar, lembrem-se de viver agora, estar neste momento, agir e viver a partir deste momento. Vocês terão ideias e conseguirão remover os bloqueios sempre se lembrando: "Sinto muito. Por favor, me perdoe. Obrigado. Eu te amo." Para ajudá-los a lembrar, quero que saibam que tenho lhes repetido o tempo todo: eu te amo, sinto muito, por favor me perdoe, obrigado, eu te amo, sinto muito, por favor me perdoe, obrigado, eu te amo, sinto muito, por favor me perdoe, obrigado, eu amo todos vocês. Obrigado.

9

Relatório de Bônus Especial

Respostas de *Limite zero*

Esta manhã, quatro beija-flores se reuniram no alimentador lá fora e beberam em paz. Isso é surpreendente. Normalmente, os beija-flores brigam uns com os outros. Não cooperam. Não ficam em paz. Não são amorosos.

Por que todos eles beberam juntos esta manhã? Ontem foi o final do terceiro seminário ao vivo sobre Limite zero, *comigo e com o dr. Hew Len. Foi um dos eventos mais amorosos e intensos de minha vida. Centenas de pessoas vieram de todo o mundo para assistir a ele.*

O dr. Hew Len revelou novos métodos de purificação, falou sobre aspectos mais profundos de seu caminho para o Divino, e mais. Falei sobre minhas próprias mudanças e contei novas histórias.

Nós dois ouvimos perguntas do público. Todos foram embora sentindo-se em paz ou sabendo como se sentir.

Aparentemente, o amor se espalhou para os beija-flores. Essa é uma metáfora e mensagem maravilhosa: quando você está em paz, o mundo se torna pacífico.

Desde a publicação, em 2007, do best-seller Limite zero, *que escrevi com o dr. Hew Len, as pessoas têm algumas perguntas-chave. Decidi responder às mais comuns aqui.*

Que essas perguntas e respostas possam ajudá-lo a encontrar a paz – assim como os beija-flores.

Com amor,
Joe

1. Notei que a ordem das frases nunca é a mesma. Ouvi dizer que a ordem importa, depois que não importa. Tenho medo de fazer errado e de a minha má compreensão do processo afetar negativamente o resultado.

Não importa a ordem em que você diz as frases. A ideia é dizê-las. Siga sua inspiração e as diga dentro de si mesmo na ordem que achar melhor. Deixe seus sentimentos serem seu guia. No último evento de *Limite zero*, o dr. Hew resumiu as quatro frases para apenas duas: "Eu te amo" e "Obrigado". Ficar obcecado com as frases e algo nelas é ainda outra coisa a "limpar" ou "purificar". As frases são uma simples ferramenta para você usar como instrumento de purificação, para ajudá-lo a progredir para o Zero. Isso é tudo. Ter medo de fazer isso errado é algo a purificar.

2. Quando estou purificando, para quem digo isso? Para mim? Para a outra pessoa a quem estou purificando? Estou confuso.

Você nunca se dirige a outra pessoa. O que faz é purificar a parte de si mesmo que está percebendo a outra pessoa ou o objeto como um problema. Isso nunca tem a ver com a outra pessoa ou coisa. O objeto externo é o gatilho que fez você querer mudar algo. Mais uma vez, você não precisa mudar o exterior. Precisa mudar o interior. Use as frases de purificação para fazer isso. Dirija-se ao Divino – a ninguém mais.

3. Quando tenho um problema e faço a purificação, concentro-me no problema ou na pessoa enquanto estou purificando? Se meus filhos têm um problema e quero purificá-lo para eles, estarei invadindo seu espaço pessoal se eles primeiro não me derem permissão para isso?

Essa pergunta é parecida com a anterior. Mais uma vez, você não se concentra na outra pessoa. Concentra-se em *você*. O problema não está "lá fora". Está em você. Você se concentra no problema quando o experimenta. Sempre o experimenta dentro de si mesmo. Como o dr. Hew Len frequentemente pergunta: "Já notou que sempre que há um problema, você está presente?" O fato é que o problema está em *você*. É aí que você põe seu foco. É para onde dirige a limpeza. Você está pedindo ao Divino para remover a "energia" que sente dentro de si mesmo quando olha para fora e vê o "problema".

4. Tenho que purificar para todo o sempre, enquanto viver? Isso parece cansativo e muito trabalhoso. Há outro modo?

Há muitos "dados" no mundo – programações, crenças, negatividade. É um desafio para a vida toda. Sim, você tem que continuar a purificar. Mas quanto é difícil, realmente, dizer "eu te amo" e "obrigado" dentro de si mesmo?

5. Se tudo de que preciso são quatro frases, por que há todos aqueles produtos de Ho'oponopono *que as pessoas vendem e com os quais lucram? Se você quer saber o que penso, capitalizar a espiritualidade é deplorável e me faz questionar a veracidade do* Ho'oponopono. *Por favor, pode me responder sobre isso?*

Achar que as pessoas estão capitalizando a espiritualidade sugere que o dinheiro é ruim. Não é. Na verdade, o dinheiro é neutro. É até mesmo espiritual. Criei todo um curso em áudio sobre esse tema (*The Secret to Attracting Money*). Se tudo é do Divino, por que o dinheiro seria uma exceção? Os produtos existem para ajudá-lo. Se não os quiser, não os compre. Mas por que julgar quando os outros estão criando produtos para ajudá-lo a sentir-se melhor, purificar e ser mais feliz? Estão lhe fazendo um favor. Julgar isso como "ruim" ou "não espiritual" parece uma crença limitadora que precisa ser purificada. Parece farisaico. Vou purificar isso.

6. Como ensino os outros a purificar?

Você não ensina. Ninguém mais precisa saber nada sobre purificação. Só você precisa saber. O dr. Hew Len passou os últimos 25 anos se purificando. Ele diz abertamente que a única razão de estar vivo é purificar. Não importa se outra pessoa faz isso. Importa que *você* o faça. Uma das coisas que ouço em eventos são pessoas prestando atenção aos problemas alheios e depois aconselhando: "Você devia purificar isso." Errado. Sempre que você ouve um problema, ele é *seu* e cabe a você purificá-lo. Apenas comece a fazer a purificação nesse exato momento. De fato, nunca deve dizer a ninguém para "purificar isso". O que você ouve ou experimenta é *seu* e cabe a você purificá-lo.

7. Fui a um evento de Limite zero *e ainda não entendo. Do que se trata?*

Basicamente, trata-se de retornar à Divindade. Em meu programa de áudio *O curso do despertar*, apresento quatro estágios do despertar. A maioria das pessoas nunca sai do primeiro estágio (vítima). Graças a filmes como *O segredo* e *The Compass*, muita gente está chegando ao segundo nível (aumento de poder). Graças ao livro *Limite zero*, algumas estão conscientes do terceiro nível (rendição). Mas também há um quarto nível. É nele que você "desperta" para a Divindade. É nele que o Divino respira conscientemente *através* de você. *Limite zero* é um modo de purificar todos os "dados" (ou as coisas da cabeça) que ficam entre você e o Divino ("Zero"). Então, do que se trata tudo isso? Trata-se de purificar a estática em sua mente para que o Divino viva *através* de você com consciência e amor. Para chegarmos aí, temos muito trabalho a fazer. Portanto, continue a purificar.

8. Esse método já funcionou pessoalmente para você? Curou-o ou curou alguém próximo a você? Você já chegou ao zero??

O único objetivo de purificar é ajudá-lo a eliminar o lixo que está entre você e o Divino. Quando você purifica, pode obter uma cura ou outro resultado. Mas esse não é o objetivo. A intenção é chegar ao Zero, o lugar em que o Divino vive através de você. Quando o dr. Hew Len trabalhou com pacientes naquele hospital psiquiátrico para criminosos, não trabalhou para curá-los, mas para curar a si mesmo. Obviamente, funcionou. Faço purificação há quase quatro anos. E faço continuamente. Por quê? Para poder purificar a interferência entre mim e o Divino. Um dia, se o Divino assim o quiser, chegarei ao Zero. Até lá, continuarei a purificar. Não continuaria a fazer isso se não funcionasse. Para apresentar uma prova de que o método funciona, eis um e-mail que recebi:

Li seu livro *Limite zero* em dezembro de 2008. Eu trabalhava como conselheira pessoal de mães numa prisão feminina em Baton Rouge. Dava três aulas por semana, com vinte mulheres em cada aula. Comecei a fazer o *Ho'oponopono* imediatamente após começar o livro. Vi resultados instantâneos nas mulheres do grupo. Partilhei a informação com elas e compramos cinco livros para que se revezassem lendo. Contaram-me muitas histórias sobre como as autoridades policiais responsáveis por elas estão mudando. Um dia, na semana anterior, houve algum tipo de tumulto na prisão. O guarda carcerário entrou em minha sala de aula e havia surpresa em seu rosto. Ele não podia acreditar na calma e no silêncio da sala com todo o tumulto acontecendo lá fora. Disse-me: "Não sei o que você está fazendo, mas continue a fazer." Em várias ocasiões, ele me disse que todas as mulheres estavam se comportando melhor e obtendo mais privilégios do que jamais puderam ter. Também estou obtendo mudanças positivas com minhas filhas adolescentes e com meu marido. Agradeço muito a você por me dar essa informação.

Cindy Ray-Huber
Diretora regional, Redirecting Children's Behavior (RCB),
Baton Rouge
www.lifecoach123.com

9. Qual é a diferença entre os seminários de Limite zero *e os cursos básicos e avançados de* Ho'oponopono*? Tenho que frequentar algum deles antes de ter a próxima aula? Se essa informação deve ser particular, como você pode revelar alguns dos segredos em* Limite zero *ou gravações de seus eventos de* Limite zero*?*

A principal diferença entre um evento de *Limite zero* e um evento básico de *Ho'oponopono* é esta: com *Limite zero*, você me tem como coinstrutor. Precisa fazer o curso básico de *Ho'oponopono* e praticar os métodos que aprende por pelo menos dois anos antes de passar para o curso avançado. Pude revelar algumas das informações porque o dr. Hew Len me deu permissão para isso. Afinal de contas, ele é coautor de *Limite zero* e o principal instrutor de *Ho'oponopono*. Se ele diz que posso escrever um livro ou liberar áudios ou DVDs, então, é claro que posso.

10. "Sinto muito!" Isso significa desculpas ou tristeza? Por que tenho que sentir muito quando tudo no universo é perfeito? Não gosto de ter que dizer isso.

Você precisa dizer "sinto muito" e "por favor, me perdoe" por estar inconsciente. Isso não tem nada a ver com arrependimento, culpa ou vergonha, mas tem tudo a ver com perceber que você tem estado adormecido. Quando você esbarra em alguém em uma loja, diz "sinto muito". Por quê? Porque cometeu um erro. Estava inconsciente e fez algo enquanto estava distraído. Quando você se dirige ao Divino e diz essas frases, está deixando o Divino saber que estava inconsciente. O perdão é uma das ferramentas mais transformadoras que você tem. Se não quer pedir perdão por estar inconsciente, provavelmente está bloqueando o fluxo do Divino também em outras áreas de sua vida. Certa vez perguntei ao dr. Hew Len o que dizer às pessoas que não gostavam de dizer "sinto muito". Ele respondeu: "Diga-lhes que elas não têm que dizer isso."

Bibliografia

Se você deseja despertar, deve continuar a ler e a crescer. Há muitos ótimos livros (e algumas gravações em áudio) para ajudá-lo em seu caminho para a liberdade. Você os encontrará em sua biblioteca ou livraria local, ou em Amazon.com.

Allen, James. *As a Man Thinketh.* Los Angeles, CA: Tarcher Books, 2008.

Assaraf, John. *The Answer.* Nova York: Atria Books, 2008.

Atkinson, William Walter. *Thought Vibration, or The Law of Attraction in the Thought World.* Chicago: New Thought Publishing, 1906.

Ball, Ron, et al. *Freedom at Your Fingertips.* Fredericksburg. VA: InRoads Publishing, 2006.

Barrett, Rick e Joe Vitale. *Give to Live.* www.givetolivebook.com, 2008.

Beckwith, Michael Bernard. *Spiritual Liberation.* Nova York: Atria Books, 2009.

Behrend, Genevieve e Joe Vitale. *How to Attain Your Desires by Letting Your Subconscious Mind Work for You, vol. 1.* Garden City, NY: Morgan-James Publishing, 2004.

__________. *How to Attain Your Desires, vol. 2: How to Live Life and Love It!* Garden City, NY. Morgan-James Publishing, 2005.

Bender, Sheila Sidney e Mary Sise. *The Energy of Belief: Psychology's Power Tools to Focus Intention and Release Blocking Beliefs.* Santa Rosa, CA: Energy Psychology Press, 2008.

Bowen, Will. *A Complaint Free World.* Nova York: Doubleday, 2007.

Braden, Gregg. *The Divine Matrix: Bridging Time, Space, Miracles, and Belief.* Carlsbad, CA: Hay House, 2006.

Bristol, Claude. *The Magic of Believing.* Nova York: Pocket Books, 1991.

Bruce, Alexandra. *Beyond the Secret.* Nova York: Disinformation Company, 2007.

Butterworth, Eric. *Spiritual Economics: The Principles and Process of True Prosperity.* Lee's Summit. MO: Unity, 1993.

Byrne, Rhonda. *The Secret.* Nova York: Atria Books/Beyond Words, 2006.

Callahan, Roger. *Tapping the Healer Within: Using Thought-Field Therapy to Instantly Conquer Your Fears, Anxieties, and Emotional Distress.* Nova York: McGraw-Hill, 2002.

Canfield, Jack e Janet Switzer. *The Success Principles: How to Get from Where You Are to Where You Want to Be.* Nova York: Harper Collins, 2006.

Casey, Karen. *Change Your Mind and Your Life Will Follow.* Nova York: Conari Press, 2005.

Chopra, Deepak. *The Spontaneous Fulfillment of Desire.* Nova York: Harmony, 2003.

Coates, Denise. *Feel It Real! The Magical Power of Emotions.* Nova York: Atria Books, 2006.

Collins, Marva e Civia Tamarkin. *Marva Collins' Way.* Los Angeles: J.P. Tarcher, 1990.

Coppel, Paula Godwin. *Sacred Secrets: Finding Your Way to Joy, Peace and Prosperity.* Unity Village, MO: Unity House, 2008.

Cornyn-Selby, Alyce. *What's Your Sabotage?* Portland, OR: Beynch Press, 2000.

Craig, K.C. *Playing Your Order: Steps for Successful Manifestations.* Fairfaix, VA: RMS Publications, 2007.

Dahl, Lynda Madden. *Beyond the Winning Streak: Using Conscious Creation to Consistently Win at Life.* Portland, OR: Woodbridge Group, 2000.

__________. *Ten Thousand Whispers: A Guide to Conscious Creation.* Portland, OR: Woodbridge Group, 1995.

__________. *The Wizards of Consciousness: Making the Imponderable Practical.* Portland, OR: Woodbridge Group, 1997.

Deutschman, Alan. *Change or Die: The Three Keys to Change at Work and in Life.* Nova York: Reagan Books, 2007.

Di Marsico, Bruce. *The Option Method: Unlock Your Happiness with Five Simple Questions.* Walnut Grove, CA: Dragonfly Press, 2006.

Doré, Carole. *The Emergency Handbook for Getting Money Fast!* San Francisco: Celestial Arts, 2002.

Doyle, Bob. *Wealth Beyond Reason.* Duluth, GA: Boundless Living, 2004.

Dwoskin, Hale. *The Sedona Method: Your Key to Lasting Happiness Success, Peace and Emotional Well-Being.* Sedona, AZ: Sedona Press, 2003.

Dyer, Wayne. *The Power of Intention: Learning to Co-Create Your World Your Way.* Carlsbad, CA: Hay House, 2004.

Eker, T. Harv. *Secrets of the Millionaire Mind: Mastering the Inner Game of Wealth.* Nova York: HarperCollins, 2005.

Ellsworth, Paul. *Mind Magnet: How to Unify and Intensify Your Natural Faculties for Efficiency, Health and Success.* Holyoke, MA: Elizabeth Towne Company, 1924.

Evans, Mandy. *Emotional Options: A Handbook for Happiness.* Nova York: Morgan James, 2004.

__________. *Travelling Free: How to Recover from the Past.* Encinitas, CA: Yes You Can Press, 2005.

Fengler, Fred e Varnum, Todd. *Manifesting Your Heart's Desires, Book I and Book II.* Burlington, VT: HeartLight, 2002.

Ferguson, Bill. *Heal the Hurt that Sabotages Your Life.* Houston, TX: Return to the Heart, 2004.

Fisher, Mark. *The Instant Millionaire: A Tale of Wisdom and Wealth.* New San Francisco: World Library, 1993.

Ford, Debbie. *The Dark Side of the Light Chasers.* Nova York: Riverhead Books, 1998.

__________. *Why Good People Do Bad Things: How to Stop Being Your Own Worst Enemy.* Nova York: HarperOne, 2008.

Gage, Randy. *Why You're Dumb, Sick & Broke... And How to Get Smart, Healthy & Rich!* Hoboken, NJ: John Wiley & Sons, 2006.

Gaines, Edwene. *The Four Spiritual Laws of Prosperity.* Emmaus, PA: Rodale Press, 2005.

Gillett, Dr. Richard. *Change Your Mind, Change Your World.* Nova York: Simon & Schuster, 1992.

Gilmore, Ehryck. *The Law of Attraction 101.* Chicago: Eromlig Publishing, 2006.

Goi, James. *How to Attract Money Using Mind Power.* West Conshohocken, PA: Infinity Publishing, 2007.

Goldberg, Bruce. *Karmic Capitalism: A Spiritual Approach to Financial Independence.* Baltimore, MD: Publish America, 2005.

Grabhorn, Lynn. *Excuse Me, Your Life Is Waiting: The Astonishing Power of Feelings.* Charlottsville, VA: Hampton Roads, 2003.

Gregory, Eva. *The Feel Good Guide to Prosperity.* San Francisco: LifeCoaching, 2005.

Hall, Philip. *Jesus Taught It, Too: The Early Roots of the Law of Attraction.* Alberta, Canadá: Avatar, 2007.

Hamilton, Roger. *Your Life, Your Legacy.* Achievers International, 2006.

Harris, Bill. *Thresholds of the Mind: Your Personal Roadmap to Success, Happiness, and Contentment.* Beaverton, OR: Centerpoint Research, 2002.

Hartong, Leo. *Awakening to the Dream.* Salisburg, Reino Unido: Non-Duality Press, 2003.

Hawkins, David. *Devotional Nonduality.* Sedona, AZ: Veritas Publishing, 2006.

__________. *Healing and Recovery.* Sedona, AZ: Veritas Publishing, 2009.

__________. *I: Reality and Subjectivity.* Sedona, AZ: Veritas Publishing, 2003.

__________. *Power vs. Force: The Hidden Determinants of Human Behavior.* Carlsbad, CA: Hay House, 2002.

__________. *Transcending the Levels of Consciousness.* Sedona, AZ: Veritas Publishing, 2006.

Helmstetter, Shad. *Self-Talk Solution.* Nova York: Pocket Books, 1987.

__________. *What to Say When You Talk to Yourself.* Nova York: Pocket Books, 1982.

Hicks, Jerry e Esther. *Ask and It Is Given: Learning to Manifest Your Desires.* Carlsbad, CA: Hay House, 2004.

__________. *The Law of Attraction: the Basics of the Teachings of Abraham.* Carlsbad, CA: Hay House, 2006.

__________. *Money and the Law of Attraction.* Carlsbad, CA: Hay House, 2008.

Hill, Napoleon. *Think and Grow Rich.* Nova York: Fawcett Books, 1935.

Holmes, Ernest. *Creative Mind and Success.* San Francisco: Tarcher, 2004.

__________. *Science of Mind.* San Francisco: Tarcher, 1998.

Houlder, Kulananda e Dominic. *Mindfulness and Money.* Nova York: Broadway, 2002.

Kahler, Rick e Kathleen Fox. *Conscious Finance: Uncover Your Hidden Money Beliefs and Transform the Role of Money in Your Life.* Rapid City, SD: FoxCraft, 2005.

Katie, Bryon, *Loving What Is: Four Questions That Can Change Your Life.* Nova York: Harmony Books, 2002.

Kaufman, Barry Neil. *To Love Is to Be Happy With.* Nova York: Fawcett, 1985.

Kennedy, Dan. *No B.S. Marketing to the Affluent* (Prefácio de Joe Vitale). Newburgh, NY: Entrepreneur Press, 2008.

__________. *No B.S. Wealth Attraction for Entrepreneurs.* Newburgh, NY: Entrepreneur Press, 2010.

Landrum, Gene. *The Superman Syndrome – The Magic of Myth in the Pursuit of Power. The Positive Mental Moxie of Myth in Personal Growth.* Lincoln, NE: iUniverse, 2005.

Lapin, Rabbi Daniel. *Thou Shall Prosper: Ten Commandments for Making Money.* Hoboken, NJ: John Wiley & Sons, 2002.

Lapin, Jackie. *The Art of Conscious Creation.* Charleston, SC: Elevate, 2007.

Larson, Christian D. *Your Forces and How to Use Them.* Londres: Fowler, 1912.

Larson, Melody. *The Beginner's Guide to Abundance.* Booklocker.com, 2007.

Levenson, Lester. *The Ultimate Truth About Love & Happiness: A Handbook for Life.* Sherman Oaks, CA: Lawrence Crane Enterprises, 2003.

Lipton, Bruce. *The Biology of Belief: Unleashing the Power of Consciousness, Matter and Miracles.* Atlanta, GA: Mountain of Love, 2005.

Losier, Michael. *Law of Attraction.* Victoria, Canadá: Losier Publications, 2003.

Love, Lisa. *Beyond the Secret: Spiritual Power and the Law of Attraction.* Charlottesville, VA: Hampton Roads, 2007.

Mackenzie, Kathleen. *Not Manifesting? This Book Is for You!* Denver, CO: Outskirts Press, 2007.

Martin, Art. *Your Body Is Talking; Are You Listening?* Penryn, CA: Personal Transformation, 2001.

McTaggart, Lynne. *The Intention Experiment: Using Your Thoughts to Change*

Your Life and the World. Nova York: Free Press, 2007.

Miller, Carolyn. *Creating Miracles: Understanding the Experience of Divine Intervention.* Tiboron, CA: H.J. Kramer Inc., 1995.

Miller, Scott. *Until It's Gone.* Vancouver, WA: AHA! Press, 2008.

__________. *The Power of Your Subconscious Mind.* Nova York: Bantam, 2001.

Neville, Goddard. *Immortal Man: A Compilation of Lectures.* Camarillo, CA: DeVorss & Company, 1984.

Neville, Goddard e Joe Vitale. *At Your Command.* Garden City, NY: Morgan-James Publishing, 2005.

Norville, Deborah. *Thank You Power: Making the Science of Gratitude Work for You.* Nashville, TN: Thomas Nelson, 2007.

Oates, Robert. *Permanent Peace: How to Stop Terrorism and War – Now and Forever,* Fairfield, VA: Oates, 2002.

O'Brien, Pat e Joe Vitale. *The Myth of Passive Income: The Problem and the Solution.* E-book, 2004. www.mythofpassiveincome.com.

__________. *Think and Grow Rich Workbook*, um e-book gratuito baseado no clássico de Napoleon Hill. E-book, 2004. www.InstantChange.com.

Patterson, Kerry. *Influences: The Power to Change Anything.* Nova York: McGraw-Hill, 2008.

Pauley, Tom. *I'm Rich Beyond My Wildest Dreams, I Am, I Am, I Am.* Nova York: Rich Dreams, 1999.

Pavlina, Steve. *Personal Development for Smart People.* Carlsbad, CA: Hay House, 2008.

Pilzer, Paul Zane. *God Wants You to Be Rich.* Nova York: Touchstone Faith, 2007.

Ponder, Catherine. *The Dynamic Laws of Prosperity.* Amarillo, TX: DeVorss, 1985.

Proctor, Bob. *It's Not About the Money.* Toronto: Burman Books, 2008.

__________. *You Were Born Rich: Now You Can Discover and Develop Those Riches.* Toronto, Canadá: LifeSuccess Productions, 1997.

Rahula, Bhikkhu Basnagoda. *The Buddha's Teachings on Prosperity.* Sommerville, MA: Wisdom Publications, 2008.

Rafter, Mark. *The Wealth Manifesto: Transforming Your Life from Survive to Thrive.* Auburn, CA: New Knowledge Press, 2008.

Ressler, Peter e Mitchell, Monika. *Spiritual Capitalism: How 9/11 Gave Us Nine Spiritual Lessons of Work and Business.* Nova York: Chilmark Books, 2007.

Rhinehart, Luke. *The Book of est.* Austin, TX: Hypnotic Marketing, Inc., 2010. www.bookofest.com.

Ritt, Michael e Landers, Kirk. *A Lifetime of Riches: The Biography of Napoleon Hill.* Nova York: Dutton, 1995.

Roazzi, Vincent. *Spirituality of Success: Getting Rich with Integrity.* Dallas, TX: Namaste, 2001.

Roberts, Jane. *The Nature of Personal Reality: Specific, Practical Techniques for Solving Everyday Problems and Enriching the Life You Know.* Nova York: New World Library, 1994.
Rutherford, Darel. *So, Why Aren't You Rich?* Albuquerque, NM: Dar, 1998.
Ryce, Michael. *Why Is This Happening to Me – Again?* Theodosia, MO: Ryce, 1996.
Sage, Carnelian. *The Greatest Manifestation Principle in the World.* Beverley Hills, CA: Think Outside the Book, 2007.
Scheinfeld, Robert. *Busting Loose from the Money Game: Mind-Blowing Strategies for Changing the Rules of a Game You Can't Win.* Hoboken, NJ: John Wiley & Sons, 2006.
Shumsky, Susan. *Miracle Prayer: Nine Steps to Creating Prayers That Get Results.* Berkeley, CA: Celestial Arts, 2006.
Siebold, Steve. *177 Mental Toughness Secrets of the World Class.* Clearwater, FL: London House Press, 2005.
Staples, Dr. Walter Doyle. *Think Like a Winner!* Hollywood, CA: Wilshire, 1993.
Tipping, Colin, *Radical Manifestation: The Fine Art of Creating the Life You Want.* Marietta, GA: Global 13 Publications, 2006.
Truman, Karol. *Feelings Buried Alive Never Die...* Olympus, UT: Brigham Distributing, 1991.
Vitale, Joe. *Adventures Within: Confessions of an Inner World Journalist.* Author House, 2003.
__________. *Attract Money Now.* E-book, 2010. www.attractmoney nowbook.com.
__________. *The Attract Factor: Five Easy Steps for Creating Wealth (or Anything Else) from the Inside Out.* Hoboken, NJ: John Wiley & Sons, 2005. Revisado, 2008.
__________. *The Awakening Course.* Programa de áudio. Austin, TX: Hypnotic Marketing, Inc., 2008. www.awakeningdownload.com.
__________. *Buying Trances: A New Psychology of Sales and Marketing.* Hoboken, NJ: John Wiley & Sons, 2007.
__________. *Experct Miracles.* Toronto, Canadá: Burman Books. 2008.
__________. *The Greatest Money-Making Secret in History.* 1st New York: Books Library, 2003.
__________. *Hypnotic Writing.* Hoboken, NJ: John Wiley & Sons, 2007.
__________. *The Key: The Missing Secret to Attracting Whatever You Want.* Hoboken, NJ: John Wiley & Sons, 2007.
__________. *Life's Missing Instruction Manual: The Guidebook You Should Have Been Given at Birth.* Hoboken, NJ: John Wiley & Sons, 2006.
__________. *The Missing Secret: How to Use the Law of Attraction to Get Whatever You Want, Every Time.* Programa de áudio. Niles, IL: Nightingale-Conant,

2008.
__________. *The Power of Outrageous Marketing!* Programa de áudio. Niles, IL: Nightingale-Conant, 1998.
__________. *The secret to Attracting Money.* Programa de áudio. Niles, IL: Nightingale-Conant, 2009.
__________. *The Seven Lost Secrets of Success.* Hoboken, NJ: John Wiley & Sons, 2007.
__________. *There's a Customer Born Every Minute: P.T. Barnum's Amazing 10 "Rings of Power" for Creating Fame, Fortune, and a Business Empire Today – Guaranteed!* Hoboken, NJ: John Wiley & Sons, 2006.
Vitale, Joe e Ihaleakala Hen Len. *Zero Limits: The Secret Hawaiian System for Wealth, Health, Peace, and More.* Hoboken, NJ: John Wiley & Sons, 2007.
Vitale, Joe e Bill Hibbler. *Meet and Grow Rich.* Hoboken, NJ: John Wiley & Sons, 2006.
Vitale, Joe com Craig Perrine. *Inspired Marketing.* Hoboken, NJ: John Wiley & Sons, 2008.
Vitale, Joe e Mark Ryan. *Attracting Wealth: Magnetizing Your Unconscious Mind for Prosperity: Subliminal Manifestation,* DVD #4. Austin, TX: Hypnotic I Media, Inc., 2007. www.subliminalmanifestation.com.
Waldroop, James e Timothy Butler. *The 12 Bad Habits That Hold Good People Back.* Nova York: Random House, 2000.
__________. *The Science of Getting Rich.* Nova York: Penguin/Tarcher, 2007.
Wenger, Win e Richard Poe. *The Einstein Factor: A Proven New Method for Increasing Your Intelligence.* Roseville, CA: Prima, 1996.
Wilde, Stuart. *The Trick to Money Is Having Some.* Carlsbad, CA: Hay House, 1995.
Wojton, Djuna. *Karmic Healing: Clearing Past-Life Blocks to Present-Day Love, Health and Happiness.* Berkeley, CA: Crossing Press, 2006.
Wright, Kurt. *Breaking the Rules.* Boise, ID: CPM, 1998.

Impressão e Acabamento:
EDITORA JPA LTDA.